前言
Preface

为深入贯彻落实全国职业教育工作会议精神和《国务院关于加快发展现代职业教育的决定》，促进职业教育专业教学科学化、标准化、规范化，教育部组织制定了《中等职业学校专业教学标准（试行）》。全国交通运输职业教育教学指导委员会具体承担了汽车运用与维修（专业代码082500）、汽车车身修复（专业代码082600）、汽车美容与装潢（专业代码082700）、汽车整车与配件营销（专业代码082800）4个汽车类专业教学标准的制定工作。

根据教育部《关于中等职业教育专业技能课教材选题立项的函》（教职成司函[2012]95号）文件精神，人民交通出版社申报的上述4个汽车类专业技能课教材选题成功立项。

2014年10月，人民交通出版社联合全国交通运输职业教育教学指导委员会、中国汽车维修行业协会在北京召开了"教育部中等职业教育汽车专业技能课教材编写会"，并成立了由全国交通运输职业教育教学指导委员会领导、中国汽车维修行业协会领导、知名汽车维修专家及院校教师组成的教材编审委员会。会上，确定了4个汽车类专业34本教材的编写团队及编写大纲，正式启动了教材编写。

教材的组织编写，是以教育部组织制定的4个汽车类专业教学标准为基本依据进行的。教材从编写到成稿形成以下特色：

1. "五位一体"的编审团队。从组织编写之初，就本着"高起点、高标准、高要求"的原则，成立了由国内一流的院校、一流的教师、一流的专家、一流的企业、一流的出版社组成的五位一体的编审团队。

2. 精品化的内容。编审团队认真总结了中职院校的优秀教学成果，结合了企业的职业岗位需求，吸收了发达国家的先进职教理念。教材文字精练、插图丰富，尤其是实操性的内容，配了大量实景照片。

3. 理实一体的编写模式。教材理论内容浅显易懂，实操内容贴合生产一线，将知识传授、技能训练融为一体，体现"做中学、学中做"的职教思想。

4.覆盖全国的广泛适用性。本套教材充分考虑了全国各地院校的分布和实际情况,涉及的车型和设备具有代表性和普适性,能满足全国绝大多数中职院校的实际需求。

5.完善的配套。本套教材包含"思考与练习"、"技能考核标准",并配有电子课件和视频,以达到巩固知识、强化技能、易教易学的目的。

《汽车配件基础知识》是本套教材中的一本。与传统同类教材相比,本书着重于配件的认识和功能了解。教材以汽车主要组成部分的配件名称及功能介绍为主,图文并茂,方便学生学习。

本书的编写分工为:四川交通运输职业学校的杨二杰编写单元一、单元三、单元四,四川交通运输职业学校的杨秀娟编写单元二、单元五,四川交通运输职业学校的李莹秋编写单元六和单元七。全书由四川交通运输职业学校的杨二杰担任主编,由李莹秋和杨秀娟担任副主编。

限于编者水平,又是完全按照新的教学标准编写,书中难免有不当之处,敬请广大院校师生提出意见和建议,以便再版时完善。

编审委员会
2016 年 3 月

目录
Contents

单元一　汽车配件概述

学习目标

1. 了解汽车配件的定义；
2. 了解汽车配件分类；
3. 熟悉配件编号知识；
4. 熟悉配件库房管理基础知识；
5. 掌握配件管理养护方法。

建议课时

4 课时。

一　汽车配件与汽车配件市场

1 汽车配件的定义

汽车配件是构成汽车整体的各单元及服务于汽车的产品。在汽车的整个使用过程中，所需的汽车零部件和耗材统称为汽车配件。

2 汽车配件市场

汽车配件作为汽车工业的基础，是支撑汽车工业持续健康发展的必要因素。2014 年我国汽车总销量超 2300 万辆，全国民用汽车保有量达到 1.54 亿辆。巨大的市场规模和汽车保有量促使汽车零部件市场规模不断扩大。

二　汽车配件分类

汽车配件的种类较多，分类的方法有很多，有按生产来源、标准化、所属系统等分类的方法。

❶ 按汽车配件的生产来源分类

按汽车配件的生产来源分类可以分为原厂件(OEM)、副厂件与自制件三类。

(1)原厂件:是指与整车制造厂家配套的装备件,如纯牌零件是指通过汽车制造厂严格质量检验的零件。它们的性能和质量完全能够满足车辆要求。

(2)副厂件:是指由专业备件厂家生产的,虽然不与整车制造厂配套安装在新车上,但是按照制造厂标准生产的,达到制造厂技术指标要求的备件。

(3)自制件:是指备件厂家依据对汽车备件标准的理解自行生产的,外观和使用效果与合格备件相似,但是其技术指标由备件制造厂自行保证,与整车制造厂无关的备件。自制件是否合格,主要取决于备件厂家的生产技术水平和质量保障措施。

市场上销售的汽车配件,不论是副厂件还是自制件都应通过质量检验,达到国家标准要求。

❷ 按标准化分类

汽车配件总共分为发动机零部件、底盘零部件、车身及饰品零部件、电器电子产品和通用件五大类。根据汽车的术语和定义,零部件包括总成、分总成、子总成、单元体和零件。

(1)总成:由数个零件、数个分总成或它们之间的任意组合而构成一定装配级别或某一功能形式的组合体,具有装配分解特性的部分就是总成。

(2)分总成:由两个或多个零件与子总成一起采用装配工序组合而成,对总成有隶属装配级别关系的部分就是分总成。

(3)子总成:由两个或多个零件经装配工序或组合构成,对分总成有隶属装配级别关系的部分就是子总成。

(4)单元体:由零部件之间的任意组合构成的具有某一功能特征的功能组合体,通常能在不同环境独立工作的部分就是单元体。

(5)零件:不采用装配工序制成的单一成品、单个制件,或由两个以上连在一起具有规定功能、通常不能再分解的制件就是零件。

❸ 按汽车配件所属系统分类

按照不同系统区分,汽车配件分为发动机系统、传动系统、转向系统、冷却系统、制动系统、悬架系统、进排气系统、车身及附件、内饰件及附件、暖风和空调系统、电气系统、随车附件等。

三 汽车配件编码

汽车制造商生产的车型繁多,同一名称的汽车配件,由于制造商、车型的不同,不能互相通用。有时即使是同一车型的配件因为生产时间的不同也不能互用。如2009年款现代悦动1.6L发动机控制电脑,与2011年款现代悦动1.6L发动机控制电脑完全不同,不能互用。

同一配件因汽车品牌、车型、年款的不同,其参数性能也不同。一辆汽车所需要的配件数以万计,为了快速、准确地查询到所需的配件,广泛应用配件编码来区别。

汽车维修过程中,只需按照汽车配码编码去获取配件,就能够保证获取到所需的配件。配件查询是汽车配件从业人员的一项基本技能。配件查询的一般流程为:

获取车型、VIN 码及配件名称→查询确认生产代码及下线日期→运用查询工具确定所需配件→根据查询结果确定配件编码。

(一)汽车车辆识别代码(VIN 码)

VIN 码是制造商为识别汽车而给一辆汽车制定的一组字符。它由字母和数字组成,共 17 位。VIN 码又称为"汽车身份证",是一辆汽车的唯一标识。VIN 码包含了该车的生产厂家、车型系列、车身形式、发动机型号、车型年款、安全防护装置型号、检验数字、装配工厂名称、出厂顺序号等信息。我国生产的汽车 VIN 码通常标在驾驶人前部、仪表台左侧、前风窗玻璃下方(图 1-1)。VIN 码的其他常见位置有:前横梁、行李舱内、翼子板内侧及直接标注在车辆铭牌上(图 1-2)、悬架支架(图 1-3)。

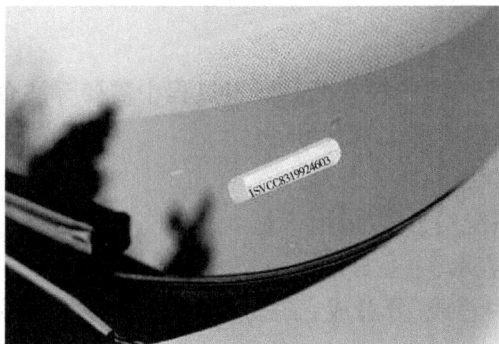

图 1-1　前风窗玻璃下方的 VIN 码

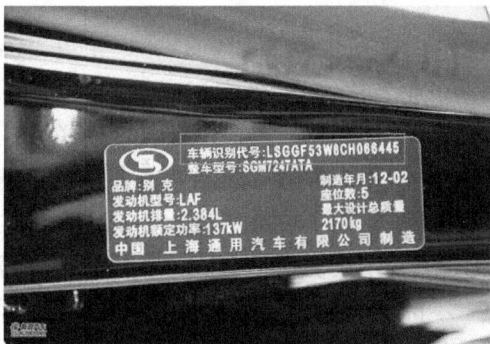

图 1-2　铭牌上的 VIN 码

(二)汽车配件编码

为了保证配件采购的准确性,汽车制造厂家对生产的汽车配件均实行编码分类。值得一提的是我国正在计划推行汽车配件编码的通用制。

1 国产汽车配件的编码规则

为了便于对汽车配件的检索和流通供应,规范汽车配件编码工作,国家发展和改革委员会于 2004 年 3 月 12 日发布了《汽车零部件编号规则》。

图 1-3　悬架支架上的 VIN 码

汽车零部件编码由企业名称代号、组号、分组号、源码、零部件顺序号和变更代号构成。

零部件编码表达式根据其隶属关系可按图 1-4 所示三种方式进行选择。

(1)零部件编号表达式一:

企业名称代号　组号　分组号　零部件顺序号　源码　变更代号

(2)零部件编号表达式二:

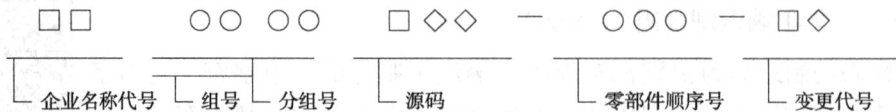

企业名称代号　组号　分组号　源码　零部件顺序号　变更代号

(3)零部件编号表达式三:

企业名称代号　组号　源码　分组号　零部件顺序号　变更代号

注:□表示字母;○表示数字;◇表示字母或数字。

图1-4　汽车零部件编码方式

企业名称代号:当汽车零部件图样使用涉及知识产权或产品研发过程中需要标注企业名称代号时,可在最前面标注经有关部门批准的企业名称代号。

组号:用2位数字表示汽车各功能系统分类代号。

分组号:用4位数字表示各功能系统内分系统的分类顺序代号。

源码:用三位字母、数字或字母与数字混合表示,企业自定。

零部件顺序号:用3位数字表示功能系统内总成、分总成、子总成、单元体、零件等顺序代号。

变更代号:为2位,可由字母、数字或字母与数字混合组成,由企业自定。

代替图零部件编号:对零件变化差别不大,或总成通过增加或减少某些零部件构成新的零件和总成后,在不影响其分类和功能的情况下,其编号一般在原编号的基础上仅改变其源码。

❷ 企业原厂代码

不同的汽车厂商对汽车配件的编码规定不同,但是都有相对固定的规则。这种厂商固定的编码通常称为原厂编码。每个汽车厂商均有自己的一套配件编码体系,不能互相通用。汽车零配件编码一般采用10～15位数字或数字、字母组合而成,构成汽车配件编码,编码是唯一的,一种配件对应一个编码。

1)丰田汽车公司配件编码体系

丰田汽车配件编码一般由10～12个数字或英文字母组成,各具有一定的含义。丰田配件系统将汽车配件分为6个主要类别,即普通件、组件、套件(修理包)、专用工具、标准件和半标准件、精品和油液。

(1)普通件编号:普通件分为单一件、半总成件、总成件。其编号形式为12位,前5位为一组与后面用短线隔开,6～10位为一组与剩下两位用短线隔开。前5位是配件名称,为基本编号,表示配件的种类;中间5位是设计编号和变更编号,表示配件所对应的车型;后两位是附属号,表示配件的颜色及其他补充信息。如13568-49035,表示发动机的正时皮带。

(2)组件编号:为便于维修企业进行维修作业,由一个主要的零件与其需要同时更换的几个小零件组成一个组件。组件编号时第7位固定是9,最后一位是数字5~9中的一个数字。

(3)修理包编号:修理包编号为10位,全部由04开头,即04000-00000。例如04111-46030表示发动机的大修包,04351-30150表示变速器的大修包,04993-33090表示制动主缸修理包。

(4)专用工具编号:专用工具编号为09000-00000,以09开头。

(5)标准件和半标准件编号:标准件和半标准件编号的形式为:90000-00000。标准件是指那些材料质量、形状、尺寸等按照丰田汽车的标准进行标准化生产的配件,例如:螺栓、螺母、垫圈、螺钉等;半标准件是指那些类似于标准件的非标准件,它们也经常被采用,例如特殊螺钉、轴承、油封等。标准件和半标准件第一位数均用9表示,半标准件的第二位数为0。

(6)精品和矿物油编号:精品和矿物油编号形式为08000-00000。一般都以08开头。

2)大众公司配件编码体系

德国大众配件管理体系,配件编码由14位数字和字母组成。每一种配件只对应一个号码。其组成结构形式为:0000-000-00-000。

车型及型号-机组型号-配件号-设计变更/技术更改号-颜色代码。

(1)车型及型号标记:编码的前三位表示车型或机组型号。它们说明配件最初为哪种车型、哪种发动机和变速器设计和使用。例如:191 863 241 AF LNS8中的191为高尔夫。

(2)机组型号:编码的3~6位为配件的类别号,根据配件在汽车结构中的安装位置及性能,大众将配件号分成10大类。每一大类又分为若干小类,见表1-1。

配件大类别明细　　　　　　　　　　　　　　　　　　表1-1

大类别	明　细	大类别	明　细
1	发动机、燃油喷射系统	6	车轮、制动系统
2	燃油箱、排气系统、空调制系统部件	7	手动、脚动杠杆操作机构
3	变速器	8	车身及装饰件、空调壳体、前后保险杠
4	前轴,前轮驱动差速器、转向系、前减振器	9	电器
5	后轴、后轮驱动差速器、后减振器	10	附件

例如:191 863 241 AF LNS8中的863,8为大类,即指车身及装饰件、空调壳体、前后保险杠;63为小类,称为子组,即托架。

(3)配件号:编码7~9位为按结构顺序排列的配件号。表示具体的那个部件,一般情况是件号越小,零件越大;件号越大,零件越小。当第9位为单数时,该件为左边件;

为双数时，该件为右边件。左右通用件，第9位为单数。如321 821 021 N就是左翼子板。

(4)设计变更/技术更改号：设计变更/技术更改号由一个或两个字母组成，表示该件的设计/技术曾经更改过。

图1-5　配件目录手册

(5)颜色代码：颜色代码用3位数字或3位字母的组合来表示，它是用来区别有颜色的内部装饰的，3位数字或字母是一组，只有在一起时才有意义。它说明该配件具有某种颜色特征。例如：01C为黑色带有光泽。

(三)汽车配件查询

汽车配件查询工具主要有配件目录手册(图1-5)、电子配件目录光盘(图1-6)、厂商配件管理软件(图1-7)。随着互联网技术的发展，利用网络电子目录查询配件越来越成为配件编号查询的重要补充方式。常用的网络电子目录有，中车在线网(www.713.com.cn)的配件目录。

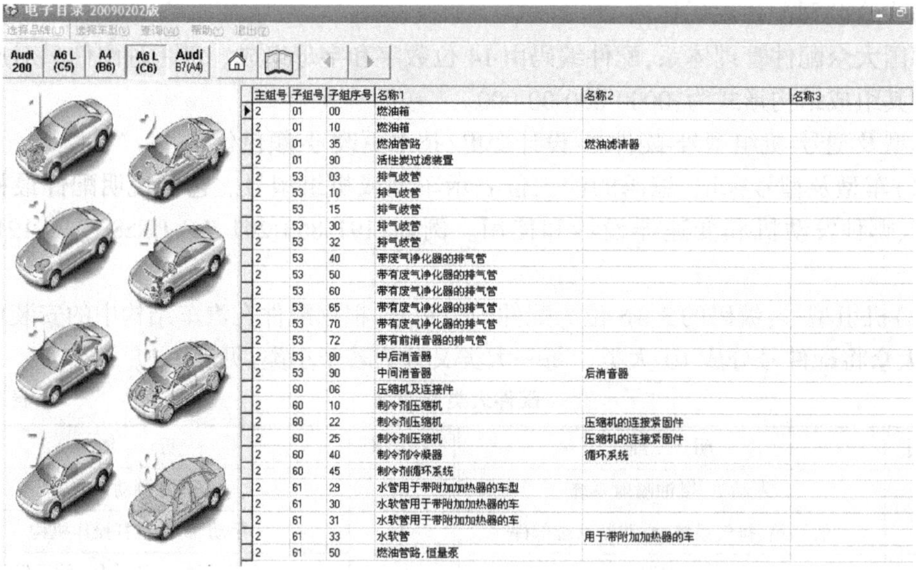

主组号	子组号	子组序号	名称1	名称2	名称3
2	01	00	燃油箱		
2	01	10	燃油箱		
2	01	35	燃油管路	燃油滤清器	
2	01	90	活性炭过滤装置		
2	53	03	排气歧管		
2	53	10	排气歧管		
2	53	15	排气歧管		
2	53	30	排气歧管		
2	53	32	排气歧管		
2	53	40	带废气净化器的排气管		
2	53	50	带有废气净化器的排气管		
2	53	60	带有废气净化器的排气管		
2	53	65	带有废气净化器的排气管		
2	53	70	带有废气净化器的排气管		
2	53	72	带有前消音器的排气管		
2	53	80	中后消音器		
2	53	90	中间消音器	后消音器	
2	60	06	压缩机及连接件		
2	60	10	制冷剂压缩机		
2	60	22	制冷剂压缩机	压缩机的连接紧固件	
2	60	25	制冷剂压缩机	压缩机的连接紧固件	
2	60	40	制冷剂冷凝器	循环系统	
2	60	45	制冷剂循环系统		
2	61	29	水管用于带附加加热器的车型		
2	61	30	水软管用于带附加加热器的车		
2	61	31	水软管用于带附加加热器的车		
2	61	33	水软管	用于带附加加热器的车	
2	61	50	燃油管路，恒量泵		

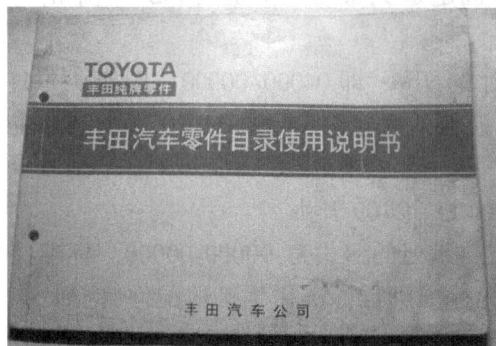

图1-6　电子配件目录光盘

汽车配件查询方法：汽车配件目录通常能够获取配件插图、配件编码、配件名称、全车用量、配件参数、配件配置备注等信息。一般汽车配件查询检索的途径很多，配件管理人员可以根据具体情况，选择不同查询方法，获取所需要的配件编码和配件信息。

常用的配件查询方法有按汽车配件名称查询、按汽车总成分类查询、按配件图号查询、按配件编码查询。

① 按汽车配件名称查询

在进口汽车配件手册中均附有按配件名称字母顺序编排的索引,如果知道所需配件的英文名称,即使缺乏专业知识的人员,采用此种方法也能较快地查找该配件的有关信息。

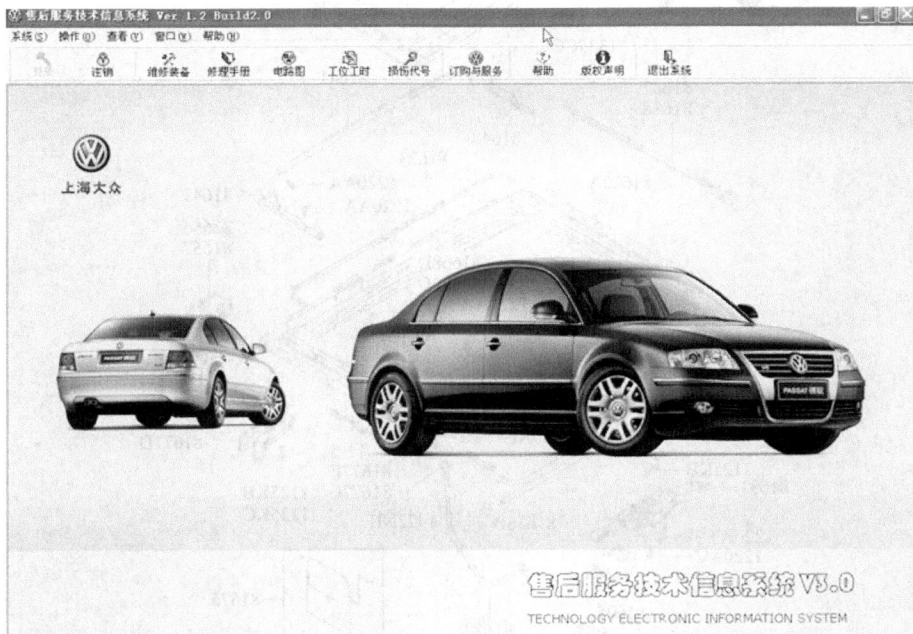

图 1-7　厂商配件管理软件

② 按汽车总成分类查询

把汽车配件按总成分类列表,如发动机、传动系统、电气设备、转向系统、制动系统、车身附件等,根据配件所属总成,查出对应的模块编码,再根据编号查询出该配件的有关详细信息。不同的汽车公司、车系分类方法也有所不同,因此,汽车总成分类查询适用于对汽车配件结构较熟悉的专业人员使用,知道某一个配件属于哪个总成部分,才能够快速查询和确认客户所需配件。

③ 按配件图号查询

把汽车整车分解成若干个模块,采用图表相结合的方式,用立体装配关系展开(图 1-8)。图能直观、清楚地显示出各个配件的形状、安装位置及其装配关系,并在对应的表中列出配件名称、配件编号、单车用量等详细信息。按图号查询的特点是能直观、准确、方便、迅速确定所需配件。

④ 按配件编码查询

一般汽车配件上均有该配件的编码(图 1-9),如果所需配件编码已知,由于配件编码是唯一的,采用本方法能准确、迅速地查询到该配件的有关信息。配件编码查询是根据已知的配件编码,再按大小顺序排列的配件编码查询其详细信息。

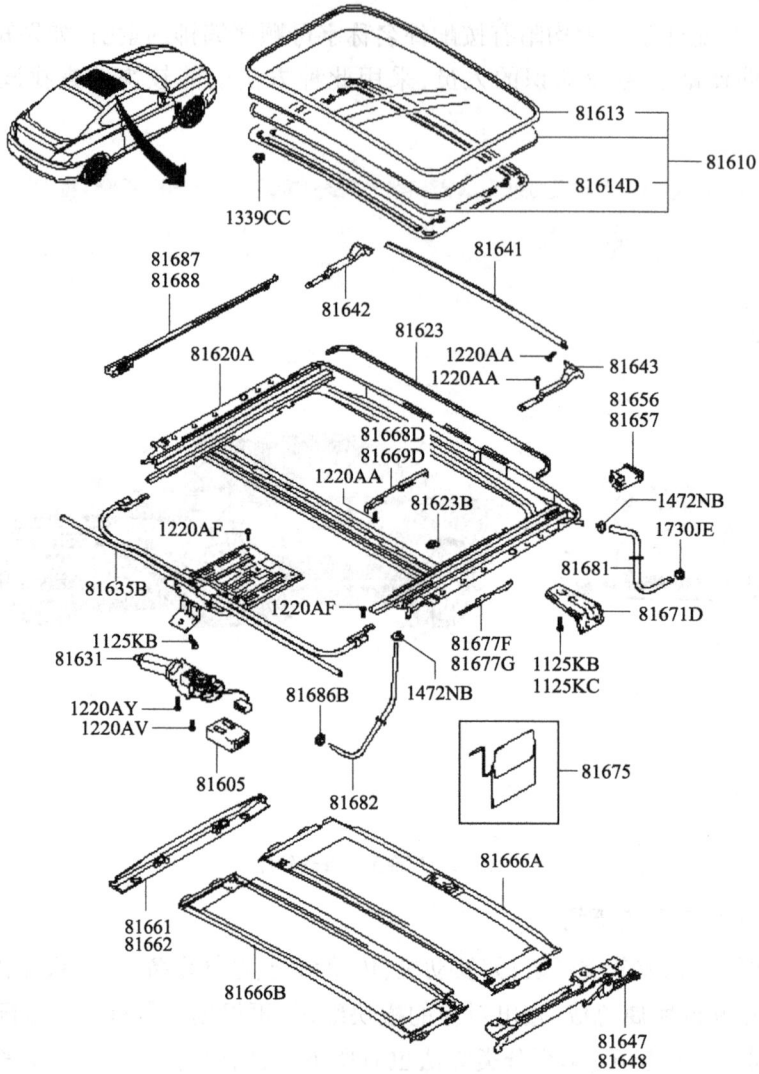

图1-8 汽车配件立体装配关系图

图1-9 汽车配件上的配件编码

四　汽车配件库房管理

1 汽车配件的库房环境

汽车配件的存储必须根据不同的材料、结构形态和质量以及技术性能等多方面的要求,区别具体情况,提出不同的库房环境。库房环境要求主要有以下方面:

(1)所有汽车配件都应存储在仓库或有遮盖的干燥场地内,无有害气体侵蚀和影响,且通风良好,不得与化学药品、酸碱物资一起存放。

(2)存储汽车配件的仓库应保持相对湿度不超过75%,温度在20～30℃范围内。对于橡胶产品,特别是胶粘剂,则须在能够保持环境温度不超过25℃的仓库内存放,以防止老化,保证安全。

(3)对于电气配件、橡胶制品配件、玻璃制品配件,由于这些配件自重小,不能碰撞和重压,否则将会使这些配件产品工作性能失准、变形甚至破裂,应该设立专仓存储,而且在堆垛时应十分注意配件的安全。

(4)对于如软木纸、毛毡制油封及线绒或呢制嵌条一类配件,如果存储期超过6个月,除应保持存储场地干燥外,还应在各配件的包装箱内放置防潮防蛀药品防止霉变及蛀虫生长。

2 配件验收流程

汽车配件验收是配件入库管理的准备。所有新采购的配件必须进行各项检验合格才能入库。配件验收是汽配配件经营与管理中不可缺少的一个重要环节,在验收过程中,对配件的相关资料手续、配件质量进行规范的检验,判断配件质量和数量。

汽车配件验收的主要流程有:验收准备→核对资料→实物检验→验收记录。根据验收记录结果对配件进行分别处理。首先对验收合格的配件办理入库手续,其次对验收不合格的配件,根据存在的问题责任分别向配件供应商或配件承运商索赔。

(1)验收准备。首先熟悉收受凭证及相关订货的资料;准备并校验相应的验收工具,如磅秤量尺、卡尺等;准备堆码、搬运用的搬运设备、工具以及材料;配备足够的人力,根据到货产品数量及保管要求,确定产品的存放地点和保管方法等。

(2)核对资料。入库产品应具备下列资料:主管部门提供的产品入库通知单、发货单位提供的产品质量证明资料、发货单、装箱单、磅码单。仓库需对上述资料进行整理和核对,无误后即可进行实物检验。

(3)实物检验。实物检验包括对产品数量和产品质量的检验。数量检验是查对到货产品的名称、规格、型号、件数等是否与入库通知单、运单、发货明细表一致。验收时,仓库应采取与供货方一致的计量方法,即按质量供货的,应以千克称量;按件数供货的,应清点件数。

质量检验包括对产品的包装状况、外观质量和内在质量的检验。一般仓库只负责包装和外观质量的检验(图1-10),通过验看外形判断产品质量

图1-10　包装和外观质量检验

状况。需要进行技术检验确定产品质量的,则应通知企业技术部门检验。

(4)验收记录。产品验收结束应当及时做好验收记录。验收记录的内容主要包括产品名称、规格、供货单位、出厂日期、收货数量等。遇到数量短缺或包装破损的,应注明短缺数量和破损程度,并拍照和承运部门进行现场确认签证。

③ 配件验收步骤

汽车配件验收步骤通常包括清点数量、检查包装、签收、明细验收和填写验收单。

五 汽车配件管理基础

① 汽车配件的保管

汽车配件的保管是为了保护配件不受损坏。做好仓库内外的温度、湿度日常变化记录,保持和调节好仓库的温度、湿度。注意防止靠近门窗存储的配件遭受天气突然变化中的雨水浸淋和强烈日光的直接暴晒。对容易吸潮的配件应注意更换吸潮剂和防腐剂。

针对不同配件的性能、数量、包装、体积、形态和耐压情况,合理安排存放仓位,提高堆垛技术和选用合理的堆垛数量,对无特殊性能要求而体型方正的配件,一般可以采用重叠式或咬缝式堆垛,易变形和怕压和包装物强度较差的配件,则应考虑堆垛高度、数量,严禁重压。按照安全、方便、节约仓容的原则;同时也应注意做到堆垛排脚正确地留出四距,即墙距、柱距(0.1m)、顶距、照明灯距。

每天上下班时,应对仓库进行安全检查,雨雪天气、潮汛前后要检查门窗渗漏情况,采取一定的防护措施,防止配件受潮,保持仓库干燥清洁;随时做好装卸设备、起重机械的安全检查和维护工作,保持机械设备的功能完好可用。

搬卸货物时,必须轻取轻放,做到产品不损,包装不坏;注意配件进出库动态,对滞留配件尤其应该注意存储质量检查,发现异状,及时填写异状报告,通知相关部门和人员进行处理。

② 汽车配件养护方法

大多数汽车配件系金属制品,大量的存储质量问题表现为产品生锈和磕碰伤,少数表现为破损。橡胶制品则表现为橡胶老化和变形(失圆、翘曲)。铸件和玻璃制品表现为破损,毡呢制品为发霉虫蛀,电气配件表现为技术性能失准或失效。下面分别简单介绍几种常见的汽车配件质量损坏类型及相应的养护处理方法。

(1)生锈和磕碰伤。大量的汽车配件生锈和磕碰伤常见于各种连接销、齿轮及轴类配件。如活塞销、转向节主销、气门、气门顶杆、推杆、摇臂轴、曲轴、凸轮轴等。往往发生在经过精加工的磨光配合工作表面。此类汽车配件按质量损坏类型进行处理,程度轻微的可以用机械抛光或用"00"号砂纸轻轻打磨的办法予以去锈或消除磕碰伤,但必须重新涂油防护;严重而影响使用质量的,则报废。

(2)锈蚀。汽车配件的铸件毛坯表面往往由于清砂或清洗不净,残留氧化皮层或热处理残留,虽经涂漆或封蜡,但在存储过程中仍然极易发生锈蚀,并导致大块剥蚀。对于这种情况,必须彻底加以清除和清洗干净,然后重新涂漆或油封。

（3）电气仪表配件往往由于振动、受潮,产生绝缘导电强度遭到破坏、接触电阻增大等故障,致使工作性能失控或失准,对此必须进行烘干、擦洗(接触件)、调整并进行重新校验,以保证其工作性能的恢复和符合标准。

（4）玻璃制品的破损、橡胶配件的老化、石棉制品的损伤缺裂,都无法进行修补。

单元小结

1.汽车配件是构成汽车整体的各单元及服务于汽车的产品。在汽车服务企业,往往把汽车整个使用过程中所需的汽车零部件和耗材统称为汽车配件。

2.汽车配件按生产来源来可以分为原厂件(OEM)、副厂件与自制件三类。

3.汽车配件按标准化分类分为发动机零部件、底盘零部件、车身及饰品零部件、电器电子产品和通用件共五大类。

4.为了保证配件采购的准确性,汽车制造厂家对生产的汽车配件均实行编码分类。汽车维修过程中,只需按照汽车配件编码去获取配件,就能够保证获取到所需的配件。

5.汽车配件查询工具主要有配件目录手册、电子配件目录光盘、厂商配件管理软件。

6.汽车配件验收步骤通常包括清点数量、检查包装、签收、明细验收、填写验收单。

思考与练习

1.汽车配件按生产来源来分分为哪几类?

2.汽车配件编码有何意义?

3.什么是汽车车辆识别代码(VIN码)?

4.汽车配件查询工具有哪些?

5.如何查询汽车配件?

6.简述汽车配件验收流程。

7.简述汽车配件在库损伤及其养护方法。

知识链接·汽车配件认知

（5）专用工具储存与保管。专用工具应指定专人保管，按编号排列存放；专用工具使用后，应作必要的清洁保养；对于较精密的工具（如量具）应经常擦拭，检验其误差；丝锥和板牙等工具应定期检查是否有损坏。

单元二 汽车发动机配件

学习目标

1. 知道发动机总成配件名称、作用及结构；
2. 知道发动机各机构配件名称、作用及结构；
3. 知道发动机电控系统配件名称及作用；
4. 识别发动机各机构配件并了解其功能；
5. 识别发动机电控系统配件并了解其功能。

建议课时

16 课时。

一 发动机总成

发动机是汽车的动力装置，是汽车的心脏，将热能转化为机械能。

前置前驱和前置后驱位于汽车前部，中置后驱位于汽车中部，后置后驱位于汽车后部。一般轿车多采用前置前驱。

发动机分为往复活塞式和旋转活塞式，一般常见的是往复活塞式发动机。往复活塞式汽油发动机由两大机构和五大系统组成，两大机构是曲柄连杆机构和配气机构，五大系统是燃料供给系统、润滑系统、冷却系统、点火系统和起动系统。柴油发动机没有点火系统，采用压燃方式。发动机总成如图 2-1 所示，剖面图如图 2-2 所示。

二 发动机机体

机体是构成发动机的骨架，是发动机各机构和各系统的安装基础，其内、外安装着发动机的所有主要零件和附件。

图 2-1 发动机总成

图 2-2 发动机总成剖面图

机体组由汽缸体(及曲轴箱、汽缸套)、汽缸盖、汽缸盖罩、油底壳、汽缸垫等组成,如图 2-3 所示。

❶ 汽缸体

如图 2-4 所示,上部圆柱孔状的是汽缸,在汽缸中安装活塞。汽缸给活塞提供了一个上下运动的空间。由于磨损,汽缸的直径会变大,当超过磨损极限时,汽缸体便会报废。为了便于维修和降低成本,有的发动机在汽缸孔处镶嵌可拆卸的缸套,缸套分干式和湿式两种。汽缸体下部空间为曲轴箱,用于安装发动机曲轴。

❷ 汽缸盖

汽缸盖置于缸体上方,使用缸盖螺栓与缸体相连,两者之间装有汽缸垫。其作用是与汽缸一起形成燃烧室。

如图 2-5 所示,在汽缸盖上方加工有安装凸轮轴的座孔,两侧有进气和排气通道。中间有安装火花塞的孔。

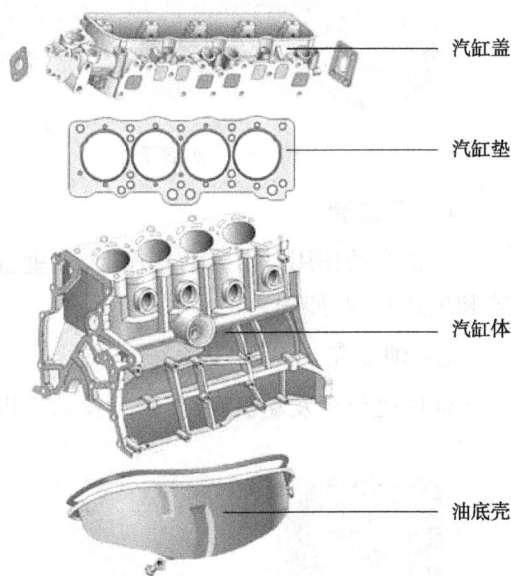

图 2-3 机体组的组成

❸ 汽缸盖罩

汽缸盖罩在汽缸盖上方,用螺栓与汽缸盖相连,之间有密封垫,防止油气渗漏,如图 2-6 所示。

❹ 汽缸垫

汽缸垫的作用是保证汽缸体与汽缸盖间的密封,防止漏水、漏气。汽缸垫主要有金属—石棉汽缸垫、金属骨架—石棉汽缸垫和纯金属汽缸垫几种。图 2-7 所示为金属—石棉汽缸垫。

图 2-4　汽缸体

图 2-5　汽缸盖

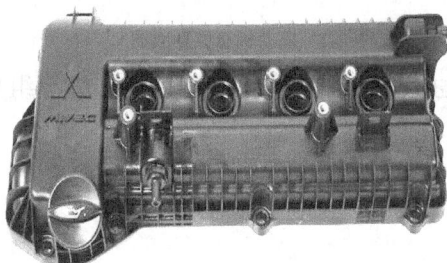

图 2-6　汽缸盖罩

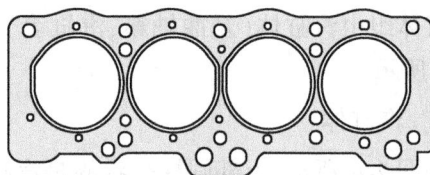

图 2-7　汽缸垫

⑤ 汽缸套

汽缸套的作用是引导活塞作上、下垂直运动,并将热量传出,以便冷却,汽缸套分为干式和湿式两种,如图 2-8 所示。

⑥ 油底壳

油底壳位于发动机底部,密封发动机机体下部,同时储存机油,其结构如图 2-9 所示。

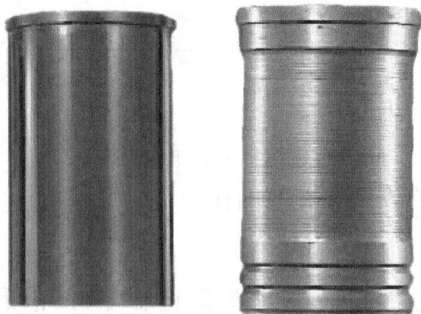

图 2-8　汽缸套

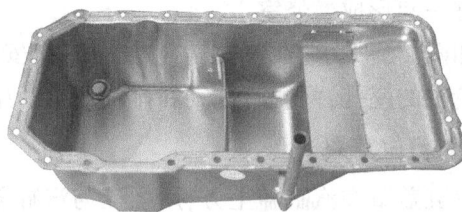

图 2-9　油底壳

三　曲柄连杆机构

曲柄连杆机构将燃油燃烧的热能转变为曲轴旋转的机械能。曲柄连杆机构主要由活塞连杆组和曲轴飞轮组组成,包括曲轴、曲轴轴承、飞轮、连杆、活塞等组件,如图 2-10 所示。

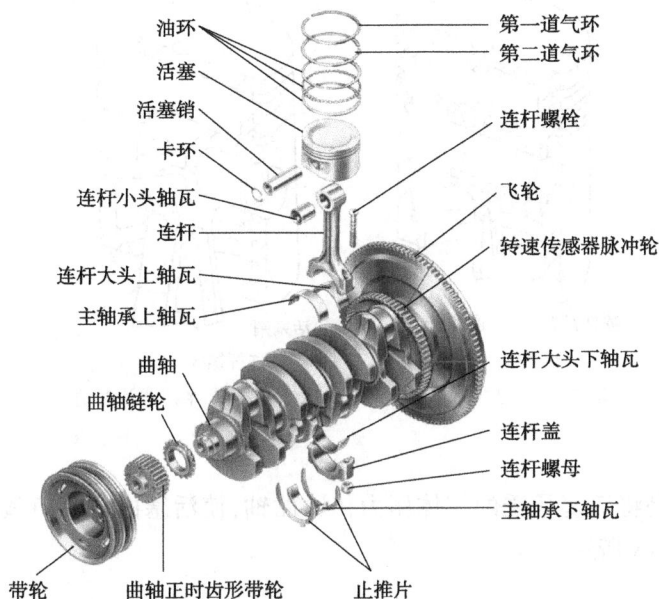

图2-10 曲柄连杆机构

❶ 活塞

活塞的作用是承受缸内气体压力并通过活塞销传递给连杆,也是燃烧室的组成部分,如图2-11所示。

❷ 活塞环

如图2-12所示,活塞环分为气环和油环。气环的作用是密封和导热,防止漏气和窜油,同时辅助刮油和布油。油环的作用是刮油、布油和辅助密封。

图2-11 活塞的构造

图2-12 活塞环

❸ 活塞销

活塞销的作用是连接活塞与连杆,并将活塞承受的气压力传给连杆。其结构是空心管状,外表面为圆柱形,内孔形状有圆柱形、截锥形和组合形。连接方式有半浮式和全浮式,如图2-13和图2-14所示。

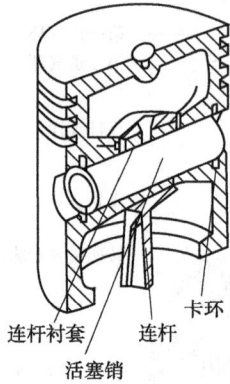
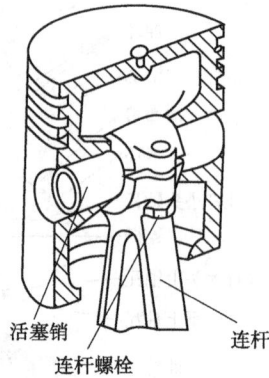

连杆衬套　连杆　　卡环

活塞销

图2-13　全浮式活塞销

活塞销

连杆螺栓

连杆

图2-14　半浮式活塞销

④ 连杆

连杆的功用是将活塞承受的气体压力传给曲轴,使活塞的往复直线运动变为曲轴的旋转运动,如图2-15 所示。

⑤ 曲轴

曲轴的作用是将连杆传来的力变为力矩通过飞轮输出,并用来驱动附件,如图2-16 所示。

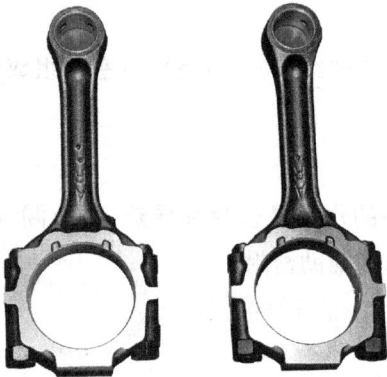

图2-15　连杆

图2-16　曲轴

⑥ 止推垫片

如图2-17 所示。曲轴常用分开式止推垫片或翻边轴承进行轴向定位,目前主要使用分开式止推垫片。

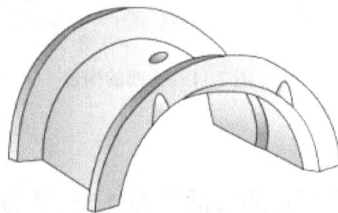

a)分开式止推垫片　　　　　　　　b)翻边轴承

图2-17　曲轴轴向定位方式

7 曲轴轴承

曲轴轴承的作用是减少摩擦,减小曲轴磨损。主要由钢背和减摩层两部分组成,如图 2-18 所示。

8 曲轴油封

曲轴油封安装于曲轴前端和后端,主要用于密封,防止机油泄漏。油封结构如图 2-19 所示。

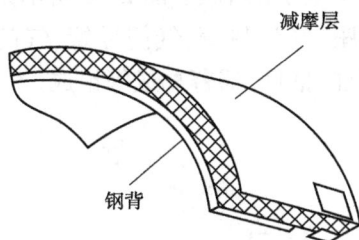

图 2-18　轴承

图 2-19　曲轴油封

9 飞轮

飞轮的主要功用是储存做功行程的能量,用以克服其他行程的阻力,完成发动机工作循环,同时又将动力传给离合器。曲轴的结构特点是外缘较厚、中间较薄,装有起动用的齿圈,与曲轴间有定位销和螺栓孔,如图 2-20 所示。

10 汽车传动带

汽车传动带一般以多层挂胶帆布、合成纤维织物、帘线和钢丝等作抗拉层,覆合橡胶后经成型、硫化而制成。大多数发动机通过传动带驱动各种附件的运转,例如驱动空调压缩机、交流发电机、液压助力泵等,如图 2-21 所示。

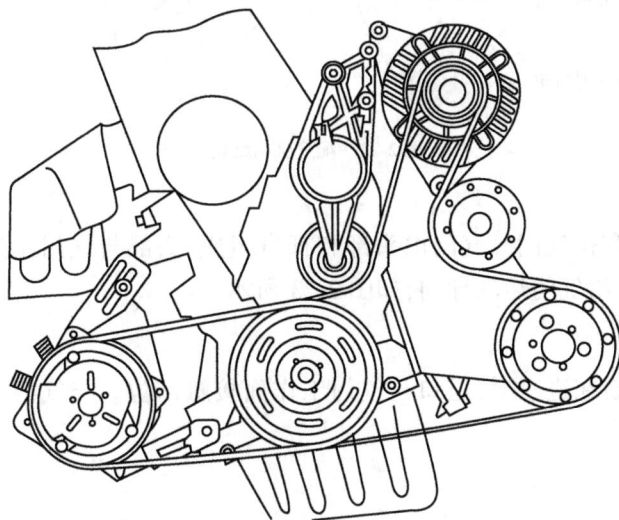

图 2-20　飞轮

图 2-21　发动机传动带驱动附件

四 配气机构

(1)作用。配气机构功用是按照发动机每一汽缸内所进行的工作循环和发火次序的要求,定时开启和关闭各汽缸的进、排气门,使新鲜充量得以及时进入汽缸,废气得以及时从汽缸排出;在压缩与膨胀行程中,保证燃烧室的密封。

(2)结构组成。配气机构主要由气门传动组和气门组组成。图 2-22 所示是上置式发动机配气机构结构图。气门组主要由气门、气门座、气门弹簧、气门导管、气门油封等组成。气门传动组主要由正时传动装置、凸轮轴、挺柱、推杆、摇臂总成等组成。

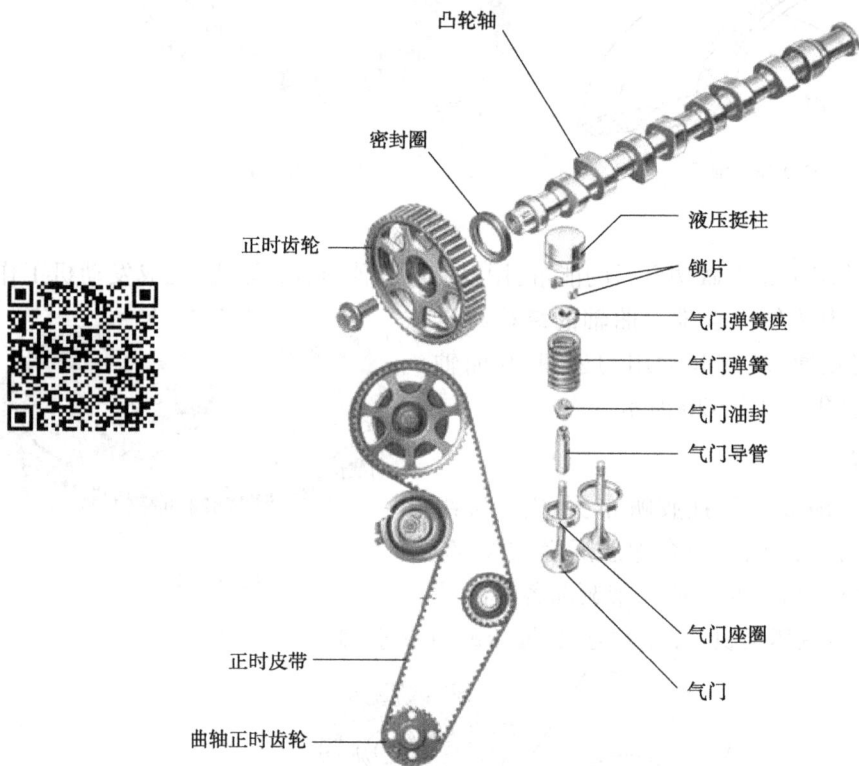

图 2-22　配气机构结构

1 气门

气门分进气门和排气门。气门由头部和杆身组成,头部与气门座配合,密封气道;杆身与气门导管配合,给气门运动导向,如图 2-23 所示。

2 气门座

气门座一般安装在进、排气道口与气门工作面接触部位。与气门配合密封汽缸。气门座如图 2-24 所示。

3 气门导管

气门导管的作用是与气门杆配合为气门导向,并具有散热作用。一般安装在缸盖上的气门导管孔中。气门导管为空心管状结构,结构特点如图 2-25 所示;伸入气道部分成锥形。

4 气门油封

气门油封一般安装在气门导管上部,防止机油顺着气门漏入汽缸。更换时要使用专用工具安装,如图 2-26 所示,有些进排气门油封不同。

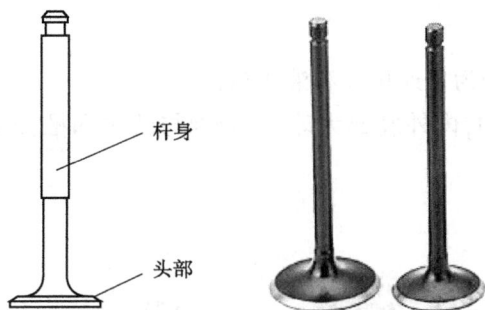

图 2-23　气门

图 2-24　气门座

图 2-25　气门导管

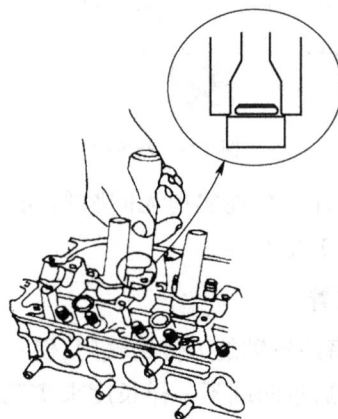

图 2-26　气门油封的安装

5 气门弹簧

气门弹簧的作用是使气门与气门座压紧,如图 2-27 所示。

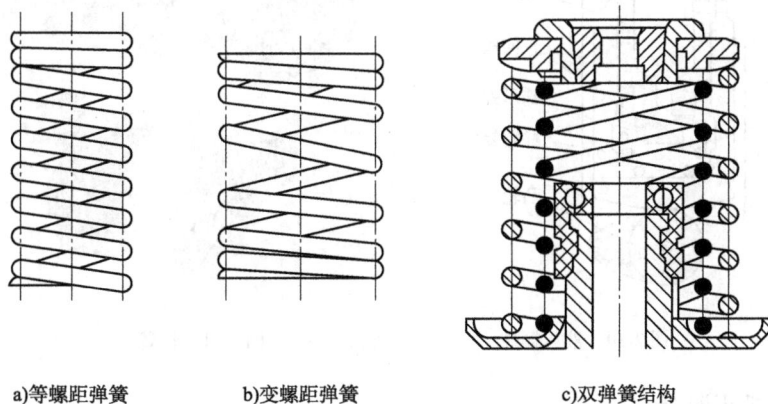

a)等螺距弹簧　　　　b)变螺距弹簧　　　　c)双弹簧结构

图 2-27　气门弹簧

6 凸轮轴

如图 2-28 所示,凸轮轴由凸轮和轴颈组成,控制各缸气门的开启和关闭。安装在汽缸盖上,利用凸轮轴轴承盖及螺栓固定。

7 挺柱

挺柱在气门传动组中起传力的作用,挺柱分为普通挺柱和液压挺柱。

(1)如图 2-29 所示,普通挺柱常用筒式结构,内外底部为球面,分别与凸轮和推杆配合,外圆与导向孔配合。

图 2-28　凸轮轴

图 2-29　普通挺柱

(2)液压挺柱能实现无间隙传动。主要由挺柱体、柱塞、弹簧和止回阀、推杆支座等组成,如图 2-30 所示。

8 摇臂

摇臂将凸轮轴的力传给气门,使气门开启,实现改变传力方向、调整气门间隙的作用。另外,摇臂通过两端不一样长度来实现增力的作用,如图 2-31 所示。

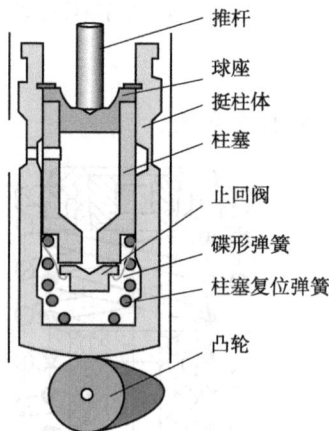

推杆
球座
挺柱体
柱塞
止回阀
碟形弹簧
柱塞复位弹簧
凸轮

图 2-30　液压挺柱

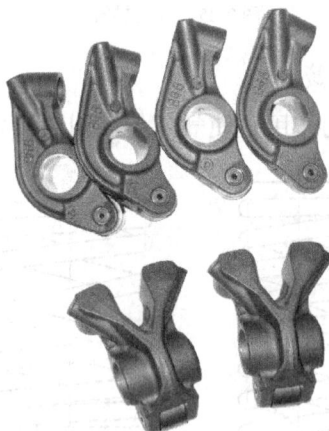

图 2-31　摇臂

9 发动机正时带

发动机正时带在曲轴的带动下将力传递给凸轮轴,部分发动机的水泵等附件也由正时带驱动。配气机构的传动形式主要分为链传动和正时带传动。

（1）如图2-32所示,正时带是由氯丁橡胶、玻璃纤维和尼龙织物制成,强度很高,但在使用中会被拉长和磨损,必须定期更换。

（2）如图2-33所示,正时链条由金属制成,使用寿命长(一般在30万km以内不需要更换),但是链转动噪声大,链传动阻力大,传动惯性也大,一定程度来讲,会增加油耗,降低性能,同时制造成本高,因此现在大多采用正时带传递。

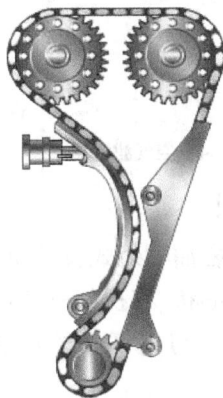

图2-32　正时带　　　　　　　　图2-33　正时链条

上述是普通车型的结构,在高端车型上普遍采用可变气门正时控制技术,其配气机构有些差异。如宝马采用的Vanos系统、丰田采用的VVTi技术、本田采用的VTEC技术等。

五　燃料供给系统

燃料供给系统形成一定数量和空燃比的可燃混合气,供入汽缸燃烧做功,最后把燃烧后的废气排出汽缸。

燃油供给系统一般由进排气系统、燃油供给系统和电子控制系统三部分组成。

（一）进排气系统

进排气系统的作用是为发动机提供清洁、干燥、充足的空气,均匀地供给各缸,并将燃烧后的废气排出汽缸。主要由空气滤清器、节气门体、进气歧管、排气歧管、三元催化转换器、消声器、排气管等组成。

❶ 空气滤清器

空气滤清器用于滤除空气中的灰尘。空气滤清器的使用要求是滤清效果好,进气阻力小,使用时间长、价格低廉。一般采用纸质滤芯,如图2-34所示。

❷ 节气门体

节气门体安装在进气管中,来控制发动机正常工况下的进气量。主要由节气门和怠速空气道等组成,如图2-35所示。

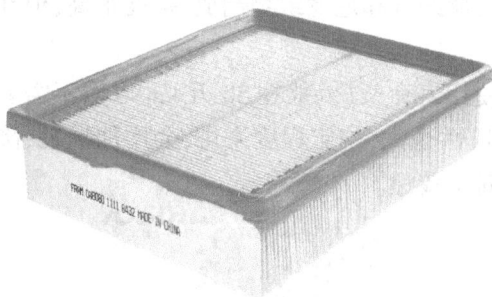

图 2-34　空气滤清器

图 2-35　节气门体

❸ 进气歧管

在多点电控燃油喷射式发动机上,为了消除进气波动和保证各缸进气均匀,对进气总管和进气歧管的形状、容积都有严格的要求,每个汽缸必须有一个单独的进气歧管。有些发动机的进气总管与进气歧管制成一体,有些则是分开制造再用螺栓连接,如图 2-36 所示。

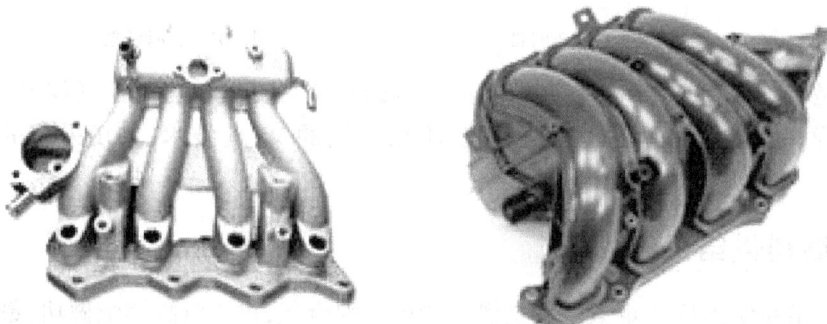

图 2-36　进气歧管

❹ 排气歧管

排气歧管是与发动机汽缸体相连的,将各缸的排气集中起来导入排气总管的,带有分歧的管路。对它的要求主要是,尽量减少排气阻力,并避免各缸之间相互干扰,如图 2-37 所示。

❺ 三元催化转换器(TWC)

三元催化转换器的作用是利用转换器中的三元催化剂,将发动机排出废气中的有害气体转变为无害气体,如图 2-38 所示。

❻ 排气管与消声器

排气管与消声器连接在三元催化转换器后端,从发动机通往汽车尾部,将废气排向大气,并减少排气噪声,如图 2-39 所示。

图 2-37　排气歧管

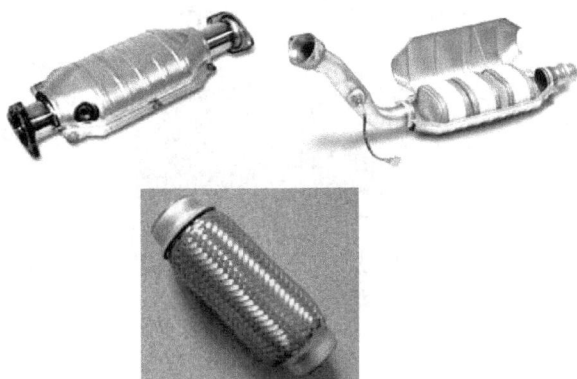

图 2-38　三元催化转换器

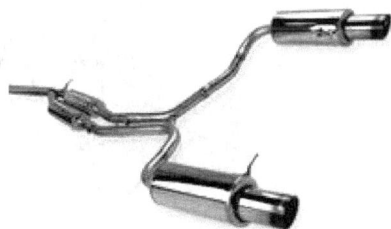

图 2-39　排气管与消声器

(二)燃油供给系统

燃油供给系统的作用是根据发动机各种不同工况的要求,供给一定数量和压力的燃油,通过喷油器喷入汽缸燃烧。主要由燃油箱、汽油泵、汽油滤清器、油管、燃油分配管、油压调节器、喷油器等组成。

① 燃油箱

燃油箱一般安装在汽车后方底部,用来储存燃油,如图 2-40 所示。

② 电动汽油泵

电动汽油泵一般安装在燃油箱内,将燃油箱内的燃油送往发动机,并具有一定的燃油压力,如图 2-41 所示。

图 2-40　燃油箱

图 2-41　电动汽油泵

③ 燃油滤清器

燃油滤清器的作用是过滤燃油中的杂质和水分,防止燃油系统堵塞,减小机件磨损,保证发动机正常工作。一般采用纸质滤芯,通常安装在燃油箱内或汽车地板下方靠近燃油箱处,如图 2-42 所示。

④ 燃油压力调节器

燃油压力调节器的作用是稳定燃油管的压力,使燃油管与进气歧管之间的压力差保持恒定的 250 ~ 300kPa,如图 2-43 所示。

图 2-42　燃油滤清器

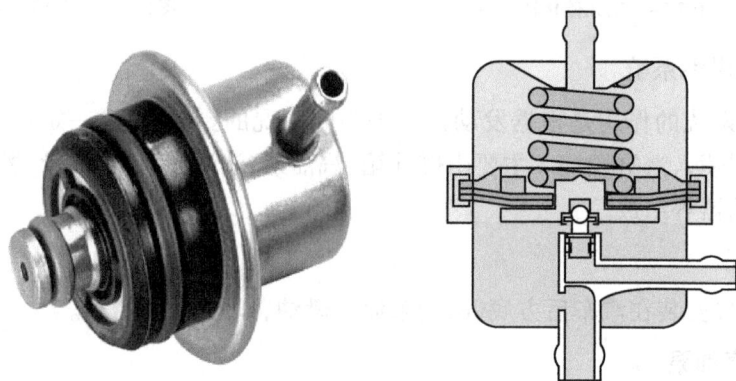

图 2-43　燃油压力调节器

🖐 燃油分配管

燃油分配管又称燃油导轨或者油轨,它是一种机械装置,安装在进气歧管上位于喷油器处,如图 2-44 所示。燃油分配管的主要功能是保证提供足够的燃油流量并均匀地分配给各缸的喷油器,同时实现各喷油器的安装和连接。

🖐 喷油器

喷油器连接燃油分配管,安装在进气歧管靠近汽缸处,如图 2-45 所示。接受 ECU 送来的喷油脉冲信号,精确地控制燃油喷射量。将燃油以雾状喷入进汽道或汽缸。

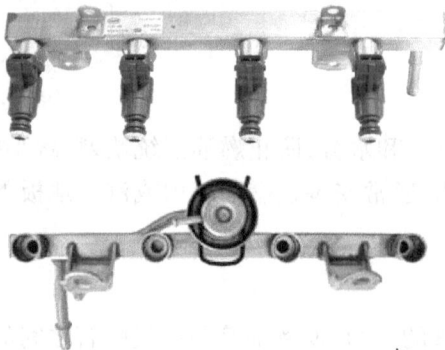

图 2-44　燃油分配管

图 2-45　喷油器

(三)电控系统

任何一种电子控制系统,其主要组成都可分为信号输入装置(传感器)、电子控制单元(ECU)和执行元件三部分。传感器有空气流量传感器(计)、进气歧管压力传感器、节气门位置传感器、进气温度传感器、冷却液温度(水温)传感器、曲轴位置传感器、凸轮轴位置传感器、氧传感器、爆震传感器等。执行元件有喷油器、电动燃油泵、电子节气门、步进电动机、活性炭罐电磁阀等。

❶ 冷却液温度传感器(ECTS)

冷却液温度传感器的结构如图 2-46 所示,给 ECU 提供发动机冷却液温度信号,作为燃油喷射和点火正时控制修正信号。一般安装在汽缸体水道上或冷却液出口处。

❷ 进气温度传感器(IATS)

进气温度传感器给 ECU 提供进气温度信号,作为燃油喷射和点火正时控制的修正信号。D 型安装在空气滤清器或进气管内,L 型安装在空气流量计内,如图 2-47 所示。

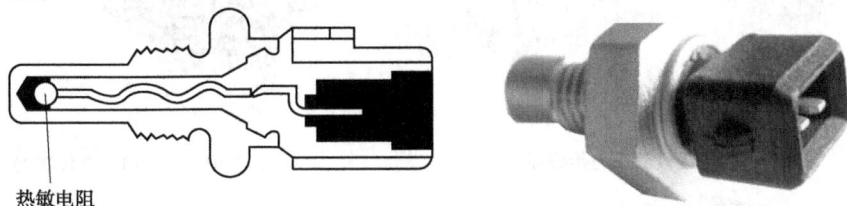

热敏电阻

图 2-46 冷却液温度传感器

❸ 空气流量传感器

空气流量传感器安装在空气滤清器和节气门之间,用来测量进入汽缸内空气量的多少,然后将信号输给 ECU,从而由 ECU 计算出喷油量,其结构如图 2-48 所示。

图 2-47 进气温度传感器　　　　图 2-48 热线式空气流量传感器

❹ 进气歧管压力传感器

进气歧管压力传感器一般安装在进气歧管上,测量进气歧管压力,并转变为进气量信号,其结构如图 2-49 所示。

❺ 节气门位置传感器(TPS)

节气门位置传感器的作用是检测节气门的开度及开度变化,此信号输入 ECU,控制燃油喷射及其他辅助控制。其结构如图 2-50 所示。

6 曲轴位置传感器

曲轴位置传感器检测曲轴转角位移,给 ECU 提供发动机转速信号和曲轴转角信号,作为燃油喷射和点火控制的主控信号。其结构如图 2-51 所示。

7 凸轮轴位置传感器

凸轮轴位置传感器给 ECU 提供曲轴转角基准位置(第一缸压缩上止点)信号,作为燃油喷射控制和点火控制的主控信号。其结构如图 2-52 所示。

图 2-49　进气歧管压力传感器

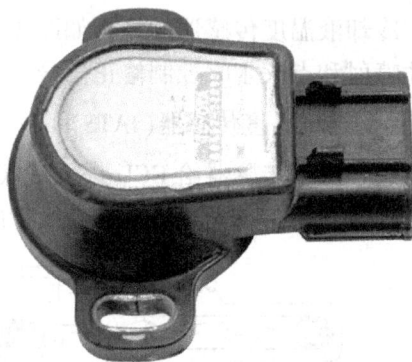

图 2-50　节气门位置传感器

图 2-51　曲轴位置传感器

图 2-52　凸轮轴位置传感器

8 氧传感器

氧传感器安装在排气管上,测量废气中氧的含量,判定混合气浓稀状态。其结构如图 2-53 所示。

9 爆震传感器

爆震传感器一般安装在汽缸体侧面,测量发动机汽缸内是否发生爆震燃烧。其结构如图 2-54 所示。

10 怠速步进电动机(怠速阀)

怠速步进电动机安装在进气管上,控制怠速进气量,稳定怠速转速。其结构如图 2-55 所示。

⑪ 活性炭罐电磁阀

活性炭罐电磁阀固定在发动机外,靠近进气管。由电控单元控制通、断汽油蒸气通路。其结构如图 2-56 所示。

图 2-53 氧传感器

图 2-54 爆震传感器

图 2-55 怠速步进电动机

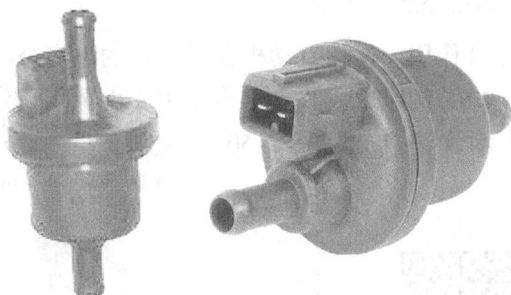

图 2-56 活性炭罐电磁阀

⑫ EGR 阀(废气再循环阀)

EGR 阀固定在发动机外,进、排气管之间。控制废气再循环,当发动机温度高时降低发动机温度。其结构如图 2-57 所示。

⑬ PCV 阀(曲轴箱强制通风阀)

PCV 阀一般固定在汽缸盖与进气管之间,控制曲轴箱强制通风量。其结构如图 2-58所示。

图 2-57 EGR 阀

图 2-58 PCV 阀

⑭ 电子控制单元

电子控制单元给各传感器提供参考电压,接收传感器信号,进行存储、计算和分析处理后向执行器发出指令。其结构如图 2-59 所示。

图 2-59　电子控制单元

六　冷却系统

（1）作用。保持发动机在最适宜的温度（80～90℃）范围内工作。

（2）结构组成。汽车水冷系主要由风扇、散热器、水泵、节温器、水套、水温开关、膨胀水箱、水管等组成，如图 2-60 所示。

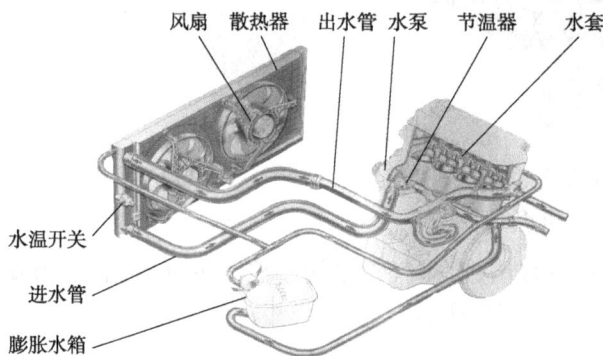

图 2-60　冷却系统结构

1　散热器

散热器将水套出来的热水自上而下或横向的分成许多小股并将其热量散给周围的空气。散热器由上水室、下水室、散热器芯等组成，如图 2-61 所示。

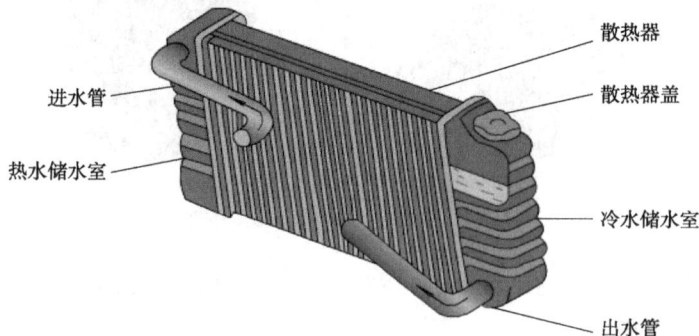

图 2-61　散热器结构

❷ 膨胀水箱

膨胀水箱多用半透明材料（如塑料）制成（图2-62）。透过箱体可直接方便地观察到液面高度，无需打开散热器盖。膨胀水箱的上部用一个较细的软管与散热器的加水管相连，底部通过水管与水泵的进水侧相连接，通常位置略高于散热器。

❸ 水泵

图 2-62　膨胀水箱

水泵的作用是对冷却液加压，使之在冷却系统中循环流动。如图2-63所示，水泵主要由外壳、水泵轴、叶轮、密封圈、轴承等组成。

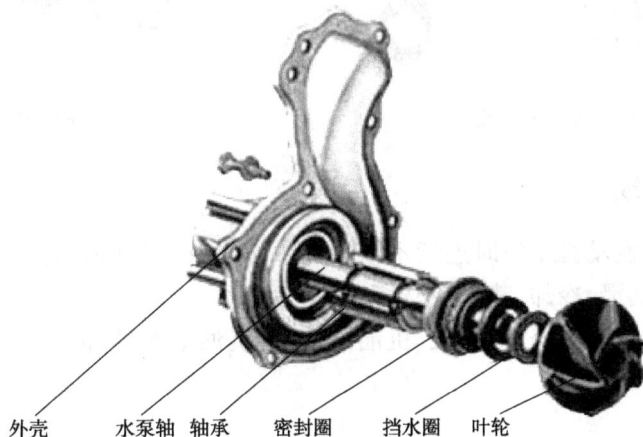

外壳　水泵轴　轴承　密封圈　挡水圈　叶轮

图 2-63　水泵

❹ 节温器

节温器的作用是随发动机负荷和冷却液温度的大小而自动改变冷却液的流量和循环路线，保证发动机在适宜的温度下工作，减少燃料消耗和机件的磨损，如图2-64所示。

❺ 电动风扇

电动机的开关由散热器的水温开关控制，并且有高低速两个挡位，低速挡在沸点内使用，高速挡在沸点外使用，需要冷却时自动起作用。电动风扇如图2-65所示。

图 2-64　节温器　　　　　图 2-65　电动风扇

6 风扇温控开关

风扇温控开关一般安装在发动机冷却水管上,根据冷却液温度控制风扇转速。其结构如图 2-66 所示。

7 散热器水管和卡箍

水管主要连接冷却系统各水路,输送冷却液,卡箍主要用于固定水管,防止水管泄漏,如图 2-67 所示。

图 2-66　风扇温控开关

图 2-67　水管与卡箍

七　润滑系统

润滑系统是在发动机工作时连续不断地把数量足够、温度适当的清洁机油供给发动机各摩擦表面,起润滑、冷却、清洁、密封和防锈等作用。

润滑系统主要由油底壳、机油泵、机油滤清器、机油集滤器、油道、机油压力开关等组成,如图 2-68 所示。

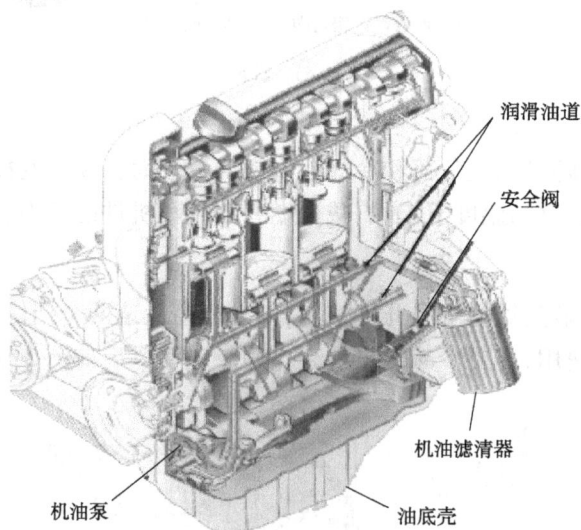

润滑油道
安全阀
机油滤清器
油底壳
机油泵

图 2-68　润滑系统结构

1 机油泵

机油泵的作用是将油底壳里的机油经过增压后压送到机油滤清器和各润滑油道,以润滑发动机的各主要运动机件,并使机油得到滤清,如图 2-69 所示。

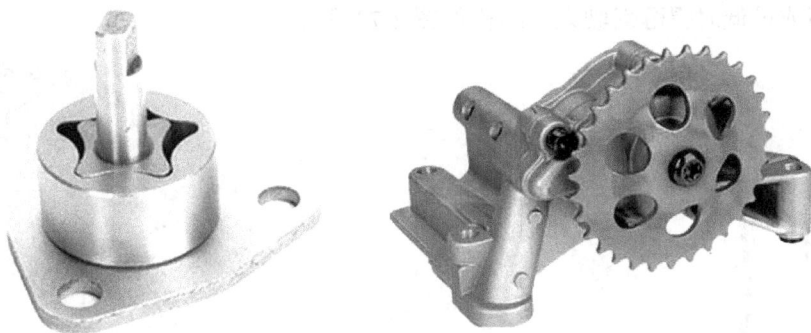

图 2-69　机油泵

② 机油滤清器

机油滤清器的作用是滤掉机械杂质和胶质,保持润滑油的清洁,延长其使用期限。更换机油滤清器的周期一般是 5000km。当更换润滑油时必须同时更换机油滤清器,否则会影响润滑油的质量。不同的车型,其机油滤清器的位置不一样,更换方式略有不同,对于只更换滤芯的机油滤清器在拆卸前先清洁滤清器盖。整体式铁壳滤清器如图 2-70 所示,更换滤芯式滤清器如图 2-71 所示。

图 2-70　整体式铁壳滤清器

③ 机油集滤器

机油集滤器的作用是防止较大的机械杂质进入机油泵。它安装在机油泵之前。有固定式和浮动式两种。目前多用固定式。如图 2-72 所示。

部分厂家的机油滤清器设计为只更换滤芯而不需要更换壳体,这并不是更换的时候偷工减料而是厂家出厂就是,这样设计的既能降低成本而且还环保。

使用过的滤芯

全新的滤芯

图 2-71　组合更换滤芯式滤清器

④ 机油压力开关(机油压力传感器)

机油压力开关安装在汽缸体上,测量机油压力,连通机油压力报警装置,当发动机机油压力过高或过低时提醒驾驶人。结构如图 2-73 所示。

图 2-72 机油集滤器　　　　　　　　图 2-73 机油压力开关

单元小结

1. 发动机是汽车的动力装置,是汽车的心脏,将热能转化为机械能。

2. 往复活塞式汽油发动机由两大机构和五大系统组成,两大机构是曲柄连杆机构和配气机构,五大系统是燃料供给系统、润滑系统、冷却系统、点火系统和起动系统。

3. 机体组由汽缸体(及曲轴箱、汽缸套)、汽缸盖、汽缸盖罩、油底壳、汽缸垫等组成。

4. 汽缸垫的作用是保证汽缸体与汽缸盖间的密封,防止漏水、漏气。汽缸垫主要有金属—石棉汽缸垫、金属骨架—石棉汽缸垫和纯金属汽缸垫几种。

5. 汽缸套的作用是引导活塞作上、下垂直运动,并将热量传出,以便冷却,汽缸套分为干式和湿式两种。

6. 曲柄连杆机构主要由活塞连杆组和曲轴飞轮组组成,包含曲轴、曲轴轴承、飞轮、连杆、活塞等组件。

7. 汽车传动带一般以多层挂胶帆布、合成纤维织物、帘线和钢丝等作抗拉层,覆合橡胶后经成型、硫化而制成。大多数发动机通过传动带驱动各种附件的运转。

8. 配气机构主要由气门传动组和气门组组成。气门组主要由气门、气门座、气门弹簧、气门导管、气门油封等组成。气门传动组主要由正时传动装置、凸轮轴、挺柱、推杆、摇臂总成等组成。

9. 气门分进气门和排气门。气门由头部和杆身组成,头部与气门座配合,密封气道;杆身与气门导管配合,给气门运动导向。

10. 燃油供给系统一般由进排气系统、燃油供给系统和电子控制系统三部分组成。作用是形成一定数量和空燃比的可燃混合气,供入汽缸燃烧做功,最后把燃烧后的废气排出汽缸。

11. 进排气系统的作用是为发动机提供清洁、干燥、充足的空气,均匀地供给各缸,并将燃烧后的废气排出汽缸。主要由空气滤清器、节气门体、进气歧管、排气歧管、三元催化转换器、消声器、排气管等组成。

12. 燃油滤清器的作用是过滤燃油中的杂质和水分,防止燃油系统堵塞,减小机件磨损,保证发动机正常工作。一般采用纸质滤芯,通常安装在燃油箱内或汽车地板下方靠近燃油箱处。

13.任何一种电子控制系统,其主要组成都可分为信号输入装置(传感器)、电子控制单元(ECU)和执行元件三部分。

14.冷却液温度传感器给 ECU 提供发动机冷却液温度信号,作为燃油喷射和点火正时控制修正信号。一般安装在汽缸体水道上或冷却液出口处。

15.汽车水冷系统主要由风扇、散热器、水泵、节温器、水套、水温开关、膨胀水箱、水管等组成,作用是保持发动机在最适宜的温度(80~90℃)范围内工作。

16.润滑系统主要由油底壳、机油泵、机油滤清器、机油集滤器、油道、机油压力开关等组成,作用是在发动机工作时连续不断地把数量足够、温度适当的清洁机油供给发动机各摩擦表面,起润滑、冷却、清洁、密封和防锈等作用。

思考与练习

1.简述曲柄连杆机构的作用。

2.简述燃油供给系统的组成及作用。

3.简述发动机电控系统的组成及作用。

4.润滑系统的组成有哪些? 润滑系统有哪些作用?

5.列举发动机电控系统有哪些执行器。

单元三 汽车底盘配件

![书本图标] **学习目标**

1.了解汽车底盘主要配件；
2.识别传动系统配件并了解其功能；
3.识别行驶系统配件并了解其功能；
4.识别转向系统配件并了解其功能；
5.识别制动系统配件并了解其功能；
6.识别底盘电控系统配件并了解其功能。

![图标] **建议课时**

16 课时。

一 汽车底盘配件概述

汽车底盘的作用是支撑、安装发动机及其各部件、总成,成形汽车的整体造型,并接受发动机的动力,使汽车运动,保证正常行驶,如图3-1 所示。汽车底盘由传动系统、行驶系统、转向系统和制动系统四部分组成。

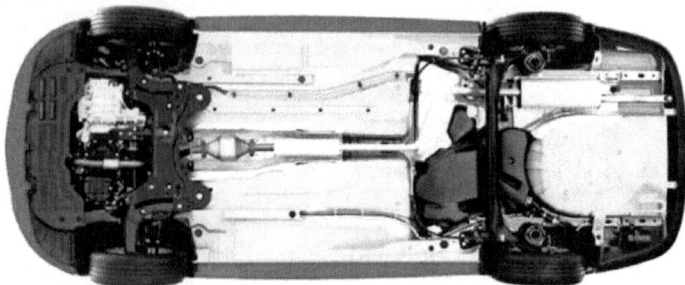

图 3-1 汽车底盘

汽车底盘的技术状况决定了驾驶人的安全,汽车维护过程中要经常对底盘进行检查。常见的底盘养护方法是喷涂底盘装甲,如图3-2所示。

图3-2　底盘装甲及车辆喷涂后效果

二　传动系统配件

汽车传动系统将发动机输出的动力传给驱动车轮,以保证汽车能在不同的使用条件下正常行驶。传动系统的主要作用有:接通或中断动力的传递、改变转速和转矩、实现倒退行驶、实现差速运转、改变传动路线的角度。

汽车传动系统主要由离合器、变速器、万向传动装置和驱动桥等部分组成。其中万向传动装置由万向节和传动轴组成,驱动桥由主减速器和差速器组成。发动机输出的动力,先经过离合器,由变速器变矩和变速后,经传动轴把动力传递到主减速器,最后通过差速器和半轴把动力传递到驱动轮,如图3-3所示。当汽车有多组车轮驱动时,还需要有分动器来将变速器输出端的动力进行分配。

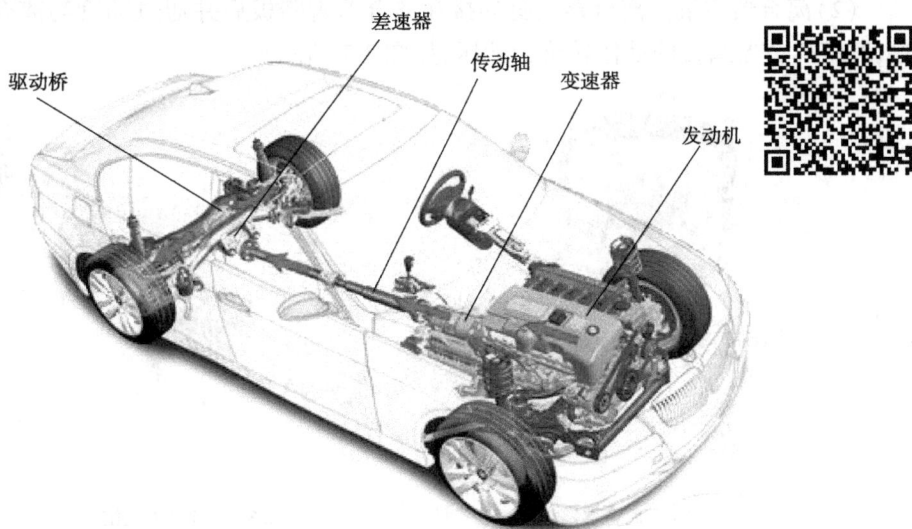

图3-3　汽车传动系统组成

① 离合器

离合器是传动系统中的重要配件,其安装于发动机飞轮上,并从飞轮获得动力,如图 3-4 所示。

目前轿车上使用的液压膜片弹簧式离合器主要由摩擦片及扭转减振弹簧、压盘和膜片弹簧、操纵机构等部分组成,如图 3-5 所示。维修作业中由于扭转减振弹簧与摩擦片制造成一体故整体更换,配件名称为离合器摩擦片。压盘与膜片弹簧也是整体更换。

图 3-4 安装于飞轮上的离合器

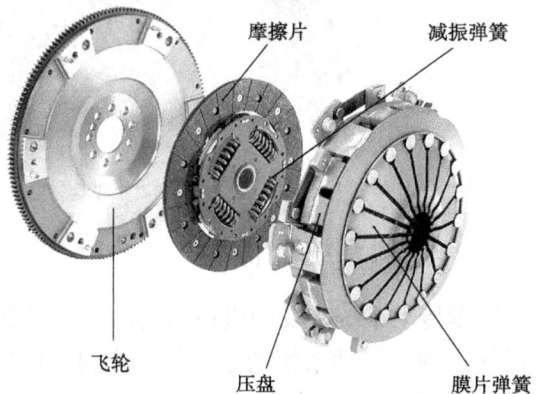

图 3-5 离合器的组成

离合器操纵机构包括离合器踏板、离合器主缸、液压管路、离合器工作缸、分离轴承等部分。

(1)离合器踏板。离合器踏板安装于驾驶室内,位于制动踏板和加速踏板旁边。驾驶人使用其控制离合器的分离与接合,如图 3-6 所示。

(2)离合器主缸。离合器主缸连接在离合器脚踏板后并通过油管与离合器工作缸连接,其将离合器踏板的动作转化为液压,如图 3-7 所示。

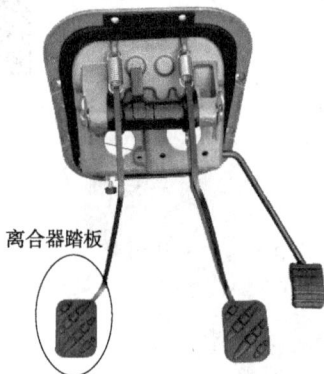

离合器踏板

图 3-6 离合器踏板

图 3-7 离合器主缸

(3)离合器工作缸。离合器工作缸将管路传来的液压转化为推杆的推力和位移(图 3-8),从而带动分离叉上的分离轴承压向膜片弹簧,使离合器分离。

（4）离合器分离轴承。离合器分离轴承安装于离合器与变速器之间,用以压紧膜片弹簧从而实现离合器分离,如图3-9所示。

图3-8 离合器工作缸　　　　　　　　图3-9 离合器分离轴承

❷ 变速器

汽车上使用的变速器主要有手动变速器、自动变速器、无级变速器(CVT)等类型,如图3-10所示。

a)手动变速器　　　　　　　b)自动变速器　　　　　　　c)无级变速器

图3-10 典型变速器

自动变速器和无级变速器的维修作业技术要求高、操作难度大,通常由专门的维修企业来完成。这里主要介绍手动变速器。

手动变速器由变速传动机构和操纵机构组成。变速传动机构主要由齿轮、同步器、轴及变速器壳体等零部件组成。变速器操纵机构主要由换挡杆、换挡拉索、拨叉轴和拨叉等部分组成。

1)齿轮

手动变速器通过不同齿数的齿轮相啮合转动来实现变速器变矩,通常装配有多个齿轮,如图3-11所示。维修作业中要求变速器的齿轮必须成对更换,另外在准备齿轮配件的时候一定要注意,有些齿轮可能配有专门的支撑轴承和止推垫,如图3-12所示。

图3-11 手动变速器的齿轮　　　　　　图3-12 齿轮支撑轴承

2）同步器

同步器依靠摩擦作用使将要啮合的两个齿轮达到一致的转速而顺利啮合,从而缓和换挡冲击。同步器主要由接合套、同步锁环等部分组成,如图 3-13 所示。

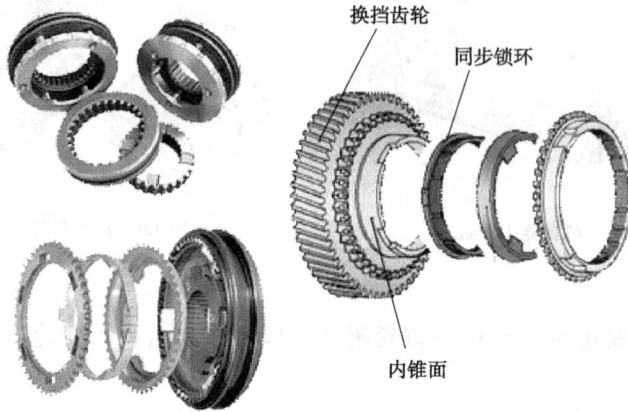

图 3-13　同步器

3）手动变速器轴

手动变速器轴用于安装齿轮、同步器等零件,同时获得动力并传递动力,手动变速器至少有两根轴即输入轴和输出轴,如图 3-14 所示。

4）变速器换挡杆

换挡杆也被称作换挡手柄,驾驶人操纵换挡杆来完成对变速器挡位的变换,如图 3-15 所示。

图 3-14　手动变速器轴及齿轮　　　　图 3-15　变速器换挡杆

5）换挡拉索

换挡拉索将换挡杆的移动传递到变速器,如图 3-16 所示。

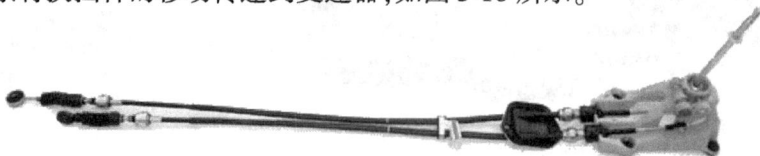

图 3-16　换挡拉索

6）拨叉轴和拨叉

拨叉轴和拨叉（图3-17）在换挡拉索的带动下移动，同时带动同步器接合套或者齿轮移动，从而实现换挡。为了保证变速器在任何情况下都能准确、安全、可靠地按照驾驶人的要求换挡。换挡操纵机构设有锁止装置，即自锁装置、互锁装置及倒挡锁。

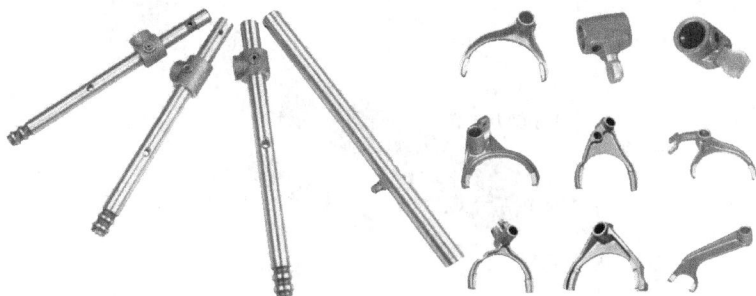

图3-17　拨叉轴和拨叉

❸ 万向传动装置

对发动机前置后轮驱动的汽车来说，车辆行驶过程中驱动桥和车轮会上下跳动，导致变速器输出轴与驱动桥输入轴之间的相对位置发生变化。为使两者之间任何情况下均能传递动力，必须采用万向传动装置。万向传动装置一般由万向节、传动轴及中间支撑组成，如图3-18所示。

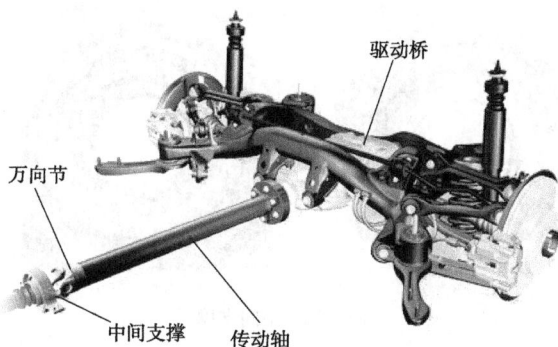

图3-18　万向传动装置

1）万向节

万向节是万向传动装置中实现变角度传动的主要部件。能够在车辆转向和汽车运行时所产生的上下跳动所造成的角度变化时保证动力传递。常用的万向节主要有十字轴万向节（图3-19）、球笼式万向节（图3-20）。

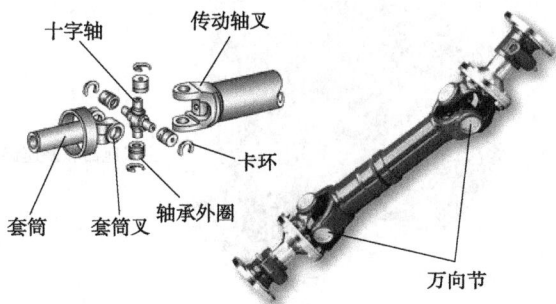

图3-19　十字轴万向节

图3-20　球笼式万向节

2）传动轴

传动轴用于在变速器和驱动桥之间传递动力，为了得到较高的强度和刚度，传动轴大多制成空心的,通常用薄钢板卷焊而成,如图 3-21 所示。

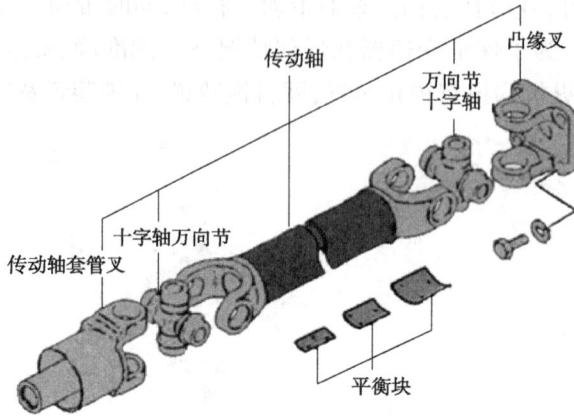

图 3-21　传动轴

3)中间支撑

　　如果万向传动装置传递的动力较远,传动轴中间会分段,并加中间支撑。中间支撑用蜂窝形橡胶垫支撑,补偿安装误差和运动中的位移,如图 3-22 所示。

图 3-22　中间支撑

4 驱动桥

　　驱动桥的作用是将发动机发出的转矩经过它传递给驱动车轮。驱动桥主要由主减速器、差速器、半轴和驱动桥壳等组成,如图 3-23 所示。前驱的轿车通常将主减速器和差速器一起制造在变速器内部,如图 3-24 所示。

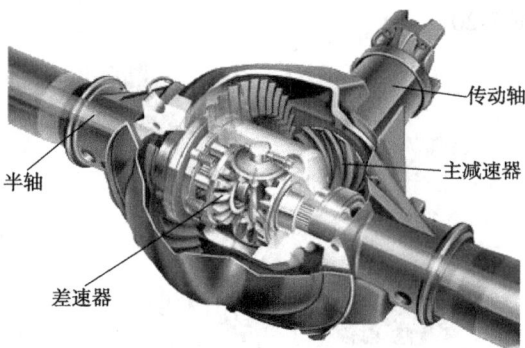

图 3-23　驱动桥

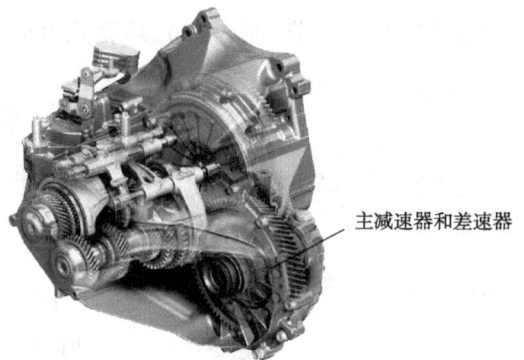

图 3-24　含有驱动桥的变速器

　　主减速器主要起到降低转速、增大转矩、改变转矩旋转方向的功用。差速器的功用是既能向两侧驱动轮传递转矩,又能使两侧驱动轮以不同转速转动,以满足转向等情况下内外驱动轮以不同转速转动的需要。半轴安装于驱动桥和车轮之间,用以传递动力,如图3-25所示。

图3-25　半轴

三　行驶系统配件

汽车行驶系统将发动机动力转换为车辆的驱动力。行驶系统的主要功能是:承受汽车的总质量,传递并承受路面作用力;缓冲减振,保证汽车行驶的平顺性;与转向系统协调配合工作,控制汽车的行驶方向。行驶系统由车架、车桥、车轮和悬架等组成,如图3-26所示。

图3-26　汽车行驶系统

❶　车架

车架的功用主要是支撑连接汽车的各零部件,承受各种载荷。轿车多采用承载式车身,如图3-27所示。

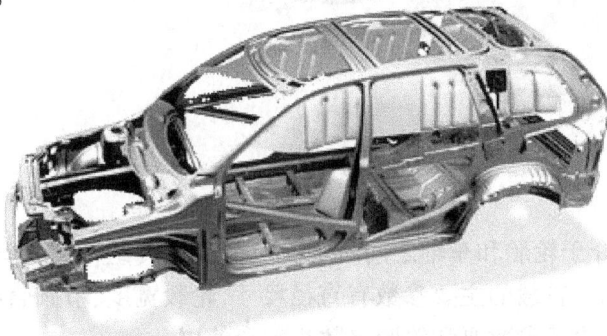

图3-27　承载式车身

❷　车桥

车桥通过悬架与车架(或承载式车身)相连接,其两端安装车轮,如图3-28所示。车桥承受汽车的载荷,维持汽车在道路上的正常行驶。

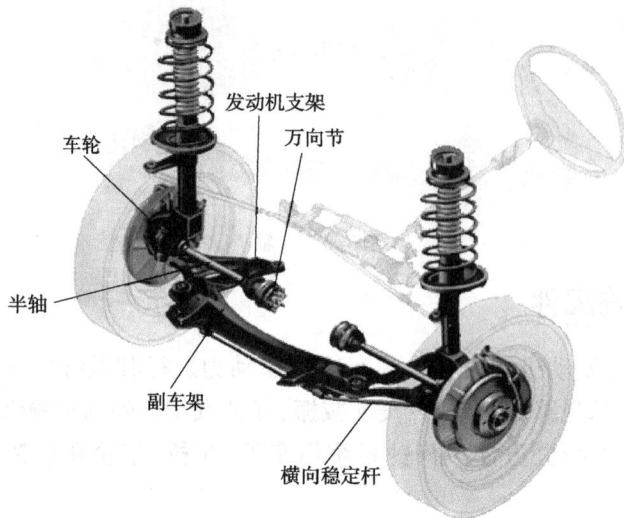

图 3-28 轿车前桥

❸ 车轮与轮胎

车轮与轮胎的功用是支撑整车;缓和来自路面的冲击力;产生驱动力、制动力和侧向力;产生回正力矩;越障,提高通过性等。其组成如图 3-29 所示。

图 3-29 车轮与轮胎

1)车轮

车轮(轮毂)是介于轮胎和车轴之间所承受负荷的旋转组件,轿车通常采用合金材料制成,如图 3-30 所示。轮毂的主要参数有直径尺寸、轮毂宽度、节圆直径与孔位、偏距(俗称 ET 值)、中心孔。轮毂参数要和轮胎参数相配合使用。

2)轮胎

轮胎安装在轮毂上,支撑车身,缓冲外界冲击,实现与路面的接触并保证车辆的行驶性能。目前轿车上广泛采用的是低压、无内胎的子午线轮胎,如图 3-31 所示。轮胎的主要参数通常以数字和字母的形式标示在轮胎上。例如 205/55R16H：205 为轮胎面宽度 205mm；55 表示扁平比（胎高/胎宽）为 70%；R 为子午线轮胎；16 表示轮胎内径 16in（英寸）；H 为速度等级代号，表示轮胎最高安全极速是 210km/h。

图 3-30　铝合金轮毂

图 3-31　轮胎

④ 悬架

悬架是汽车的车架（或承载式车身）与车桥（或车轮）之间连接装置的总称。其作用是传递作用在车轮和车架之间的力，并且缓和冲击力，减少振动，以保证汽车能平顺地行驶，如图 3-32 所示。

前悬架

后悬架

图 3-32　悬架安装位置

悬架结构由弹性元件、导向机构以及减振器等组成，如图 3-33 所示。

为了防止车身侧倾，保持车身平衡，有时设有稳定杆。稳定杆的两端分别固定在左右悬架上，当汽车转弯时，外侧悬架会压向稳定杆，稳定杆弯曲，由于变形产生的弹力可防止车轮抬起，从而使车身尽量保持平衡。轿车上使用的悬架种类很多，比较常见的是前麦弗逊悬架，后扭转梁式悬架，如图 3-34 和图 3-35 所示。

弹簧和减振器，在悬架的减振机构中，除了减振器还会有只弹簧。有了减振器为什么还要弹簧呢？其实需要它们的合作，才能完成减振的任务，如图 3-36 所示。

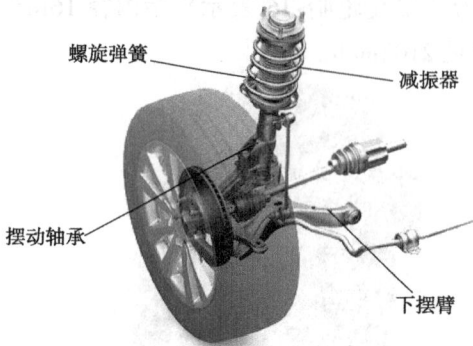

螺旋弹簧　减振器　摆动轴承　下摆臂

图 3-33　悬架结构

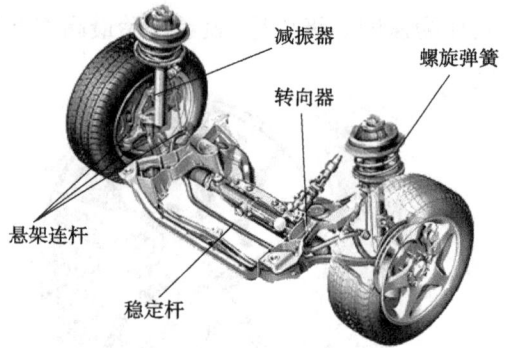

减振器　螺旋弹簧　转向器　悬架连杆　稳定杆

图 3-34　麦弗逊悬架

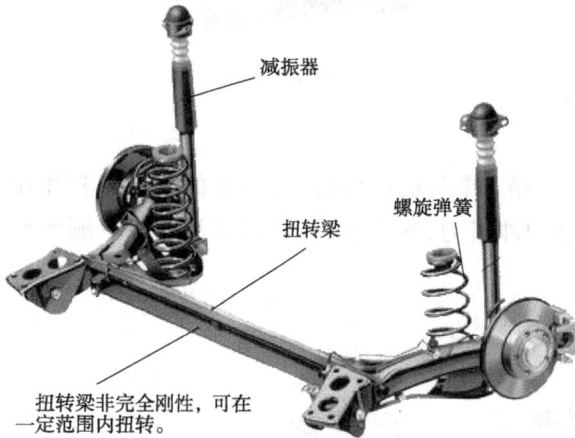

减振器　扭转梁　螺旋弹簧　扭转梁非完全刚性，可在一定范围内扭转。

图 3-35　扭转梁式悬架

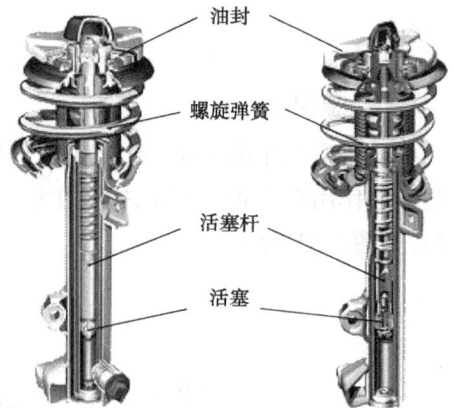

油封　螺旋弹簧　活塞杆　活塞

图 3-36　弹簧和减振器

当车辆行驶在不平路面时，弹簧受到地面冲击后发生形变，而弹簧恢复原形会出现来回振动的现象，这样显然会影响汽车的操控性和舒适性。而减振器对弹簧起到阻尼的作用，抑制弹簧来回摆动。这样在汽车通过不平路段时，才不至于不停地颤动。

四　转向系统配件

汽车转向系统使车辆按照驾驶人的意愿控制的方向行驶。汽车转向系统分为机械转向系统和动力转向系统。目前轿车普遍使用动力转向系统，动力转向系统又可分为液压动力转向系统和电动助力转向系统。部分货车安装有气压动力转向系统。

机械转向系统由转向盘、转向轴、转向器、转向传动机构组成。液压助力转向系统额外增加了转向助力泵、转向油管、储油罐、整体式动力转向器（转向器内部的转向控制阀及转向动力缸）等，如图 3-37 所示。

电动助力转向系统（EPS）在机械转向机构的基础上，增加信号传感器、电子控制单元和转向助力机构，如图 3-38 所示。

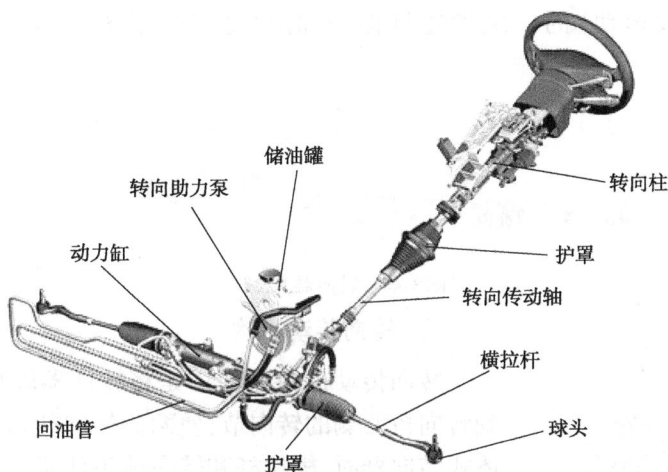

图 3-37 液压助力转向系统

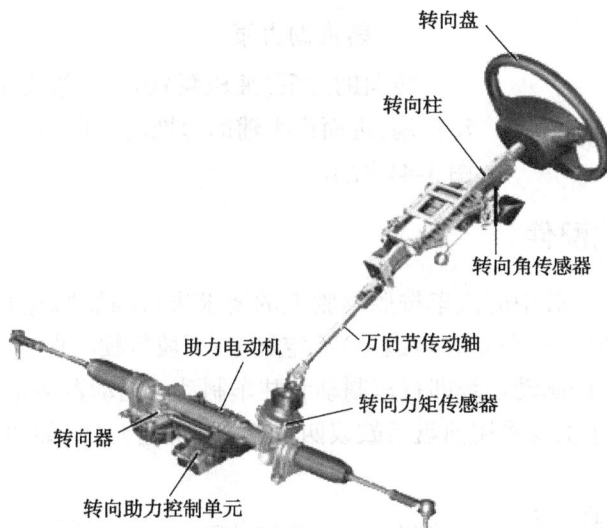

图 3-38 电动助力转向系统

❶ 转向盘

驾驶人通过控制转向盘的转动来控制车辆转向或直线行驶。轿车通常将安全气囊安装在转向盘中间用以保护驾驶人,如图 3-39 所示。

❷ 转向轴

转向轴是将驾驶人作用于转向盘的转向操纵机构力矩传给转向器的传力轴。轿车的转向轴除装有柔性万向节外,还有能够适应转向盘高低及角度调节的机构,以方便不同体型驾驶人的操纵。

❸ 转向器

转向器(也常称为转向机)是完成由旋转运动到直线

图 3-39 转向盘

运动(或近似直线运动)的一组齿轮机构,同时也是转向系统中的减速传动装置,如图 3-40 所示。

图 3-40　转向器及拉杆

4　转向传动机构

转向传动机构的功用是将转向器输出的力和运动传到转向桥两侧的转向节,使两侧转向轮偏转。轿车采用整体式转向器时,横拉杆和转向球头就是主要的转向传动机构,如图 3-37 所示。

5　转向助力泵

图 3-41　转向助力泵

转向助力泵(液压泵)由发动机皮带带动,产生油压推动活塞,进而产生辅助力推动转向拉杆,辅助车轮转向,如图 3-41 所示。

五　制动系统配件

汽车制动系统使行驶中的汽车按照驾驶人的要求进行强制减速甚至停车;使已停驶的汽车在各种道路条件下(包括在坡道上)稳定驻车;下坡行驶时保持车速稳定。

汽车有两套独立的制动系统即行车制动和驻车制动。制动器通常分为鼓式制动和盘式制动两种,目前轿车主要采用前盘后鼓或四轮盘式的布置形式,如图 3-42 所示。

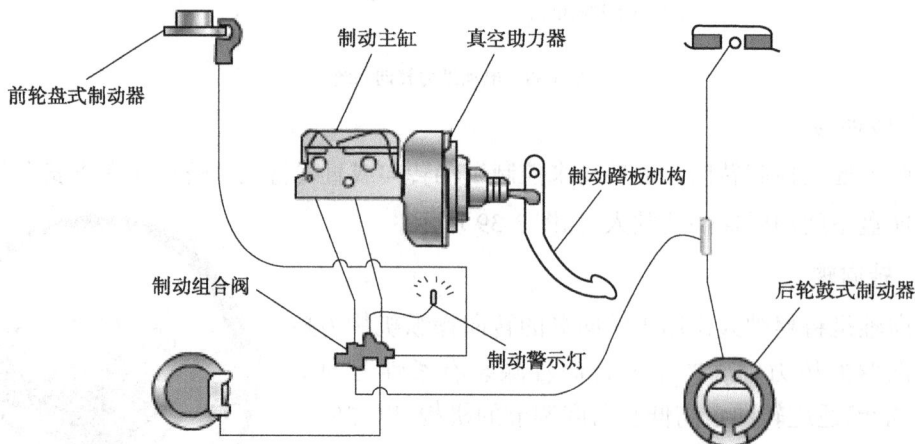

图 3-42　前盘后鼓制动系

汽车制动系统由制动踏板、真空助力器、制动主缸、ABS 单元(包括控制单元、ABS 油泵和油压调节器)、轮速传感器、液压油管、制动轮缸、制动器组成,如图 3-43 所示。

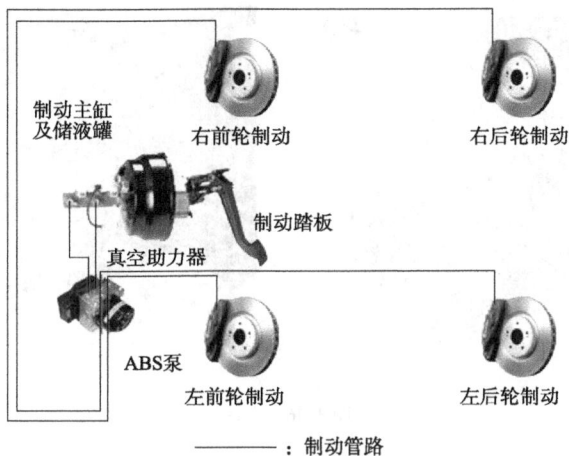

图 3-43 制动系统

① 制动踏板

驾驶人通过控制制动踏板控制车速,如图 3-44 所示。

② 真空助力器、制动主缸及储液罐

如图 3-45 所示,真空助力器利用发动机进气真空度产生助力降低驾驶人操纵制动踏板的力量要求。与制动踏板相连接的推杆,推动主缸内的活塞产生液压。储液罐中存储着车辆的制动液。

图 3-44 制动踏板

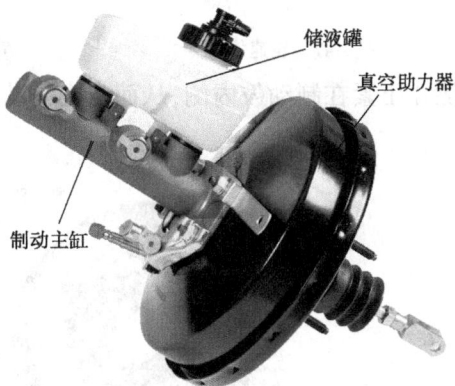

图 3-45 真空助力器、制动主缸及储液罐

③ ABS

为了防止车轮制动抱死,保证车辆制动安全,轿车上安装有 ABS(防抱死制动系统),如图 3-46 所示。

ABS 通过安装在车轮上的传感器发出车轮将被抱死的信号,控制单元指令油压调节器降低该车轮制动缸的油压,减小制动力矩,经一定时间后,再恢复原有的油压,不断地这样循环(每秒可达 5~10 次),始终使车轮处于转动状态而又有最大的制动力矩。

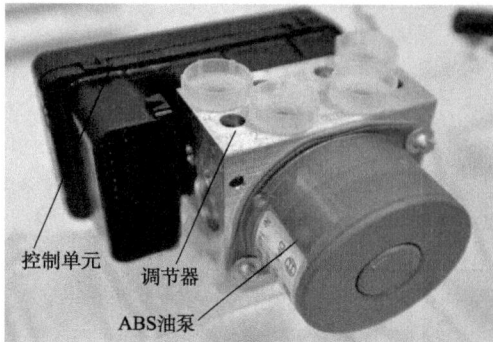

图 3-46　ABS

4 轮速传感器

轮速传感器用来测量车轮旋转速度为 ABS 电控单元计算滑移率提供依据,如图 3-47 所示。常用的轮速传感器有电磁感应式和霍尔式两种。

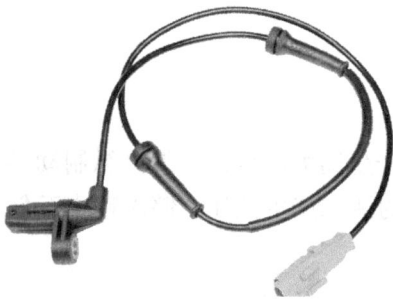

5 制动器

制动器将管路的液压转化为摩擦力矩,从而使车轮减速、停止或保持停止状态。常用的制动器有鼓式和盘式两种。

1)鼓式制动器

图 3-47　轮速传感器

鼓式制动器是利用制动传动机构使制动蹄将制动摩擦片压紧在制动鼓内侧,从而产生制动力,如图 3-48 所示。

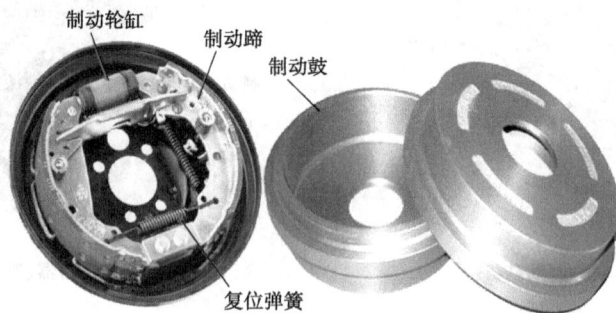

图 3-48　鼓式制动器

2)盘式制动器

盘式制动器主要零部件有制动盘、制动轮缸、制动钳、油管等,如图 3-49 所示。制动盘用合金钢制造并固定在车轮上,随车轮转动。维修制动块时经常因为磨损而需要更换,如图 3-50 所示。

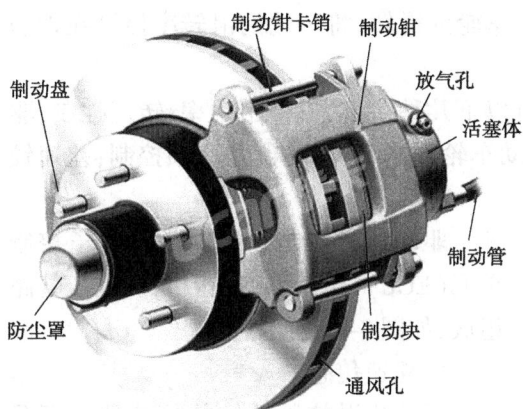

图 3-49　盘式制动器

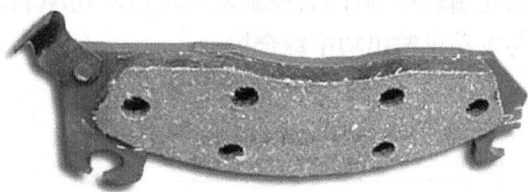

图 3-50　制动块

（制动盘、制动钳卡销、制动钳、放气孔、活塞体、制动管、制动块、通风孔、防尘罩）

六　底盘电控系统配件

底盘电控系统主要包括电控自动变速器、电控防抱死制动系统、驱动防滑控制系统、电控悬架系统、电控动力转向系统等。其中防抱死制动系统、电控动力转向系统在前面已经讲解了，这里主要就其他三个系统进行介绍。

1　电控自动变速器

电控自动变速器可以在车辆行驶过程中自动改变齿轮传动比。自动变速器主要由液力变矩器、齿轮变速机构、换挡执行元件、液压控制系统、电子控制系统等组成，如图 3-51 所示。自动变速器的维修作业技术要求高、操作难度大，通常由专门的维修企业来完成。

图 3-51　自动变速器

2　驱动防滑控制系统（ASR）

汽车在驱动过程中，驱动车轮可能相对于路面发生滑转。滑转成分在车轮纵向运动中所占的比例称为驱动车轮的滑转率。驱动防滑控制系统根据各车轮转速传感器信号计算滑转率,当滑转率值超过某一限定值时,抑制车轮的滑转,将车轮的滑转率控制在理想的范围内。

汽车驱动防滑控制系统常用的控制方式有以下几种:发动机输出功率/转矩控制;驱动轮制动控制;同时控制发动机输出功率和驱动车轮的制动力;防滑差速锁控制;差速锁与发动机输出功率综合控制。

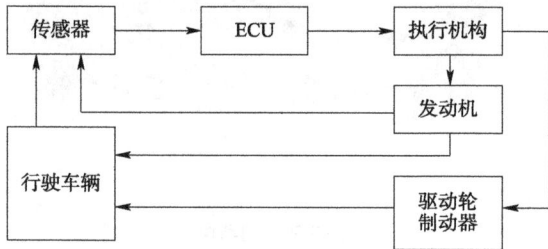

图3-52　驱动防滑控制系统组成

驱动防滑控制系统通常由电子控制单元(ECU)、传感器、执行机构、液压管路组成,如图3-52所示。

1)轮速传感器

驱动防滑控制系统的传感器主要是轮速传感器和节气门位置传感器。ASR的节气门位置传感器与发动机电控系统共享,节气门位置传感器为发动机电控系统主要配件这里不再讲解。轮速传感器安装于车轮上,将行驶汽车的驱动车轮转速及非驱动车轮转速转变为电信号,输送给电子控制单元(ECU),如图3-53所示。驱动防滑控制系统通常和ABS共用轮速传感器。

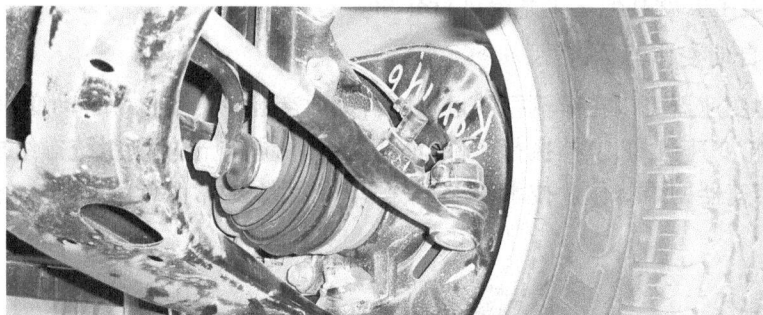

图3-53　轮速传感器

2)电子控制单元(ECU)

电子控制单元(ECU)根据轮速传感器的信号计算驱动车轮滑转率,如果滑转率超出了目标范围,控制器再综合参考节气门开度信号、发动机转速信号、转向信号等因素确定控制方式,输出控制信号,使相应的执行器动作,将驱动轮的滑转率控制在目标范围之内。目前大多数车辆的驱动防滑控制系统与ABS的电子控制单元通常组合在一起,如图3-54所示。

3)ASR制动压力调节器

制动压力调节器是ASR的主要执行机构,其依据ECU的指令,对滑转车轮施加制动力和控制制动力的大小,以使出现滑转车轮的滑转率在目标范围内。ASR制动压力调节器的结构形式有单独式和组合式两种。单独式ASR制动压力调节器和ABS制动压力调节器在结构上各自分开,如图3-55所示。组合式ASR制动压力调节器和ABS制动压力调节器结构上组合在一起,如图3-54所示。

图 3-54 驱动防滑控制系统 ECU

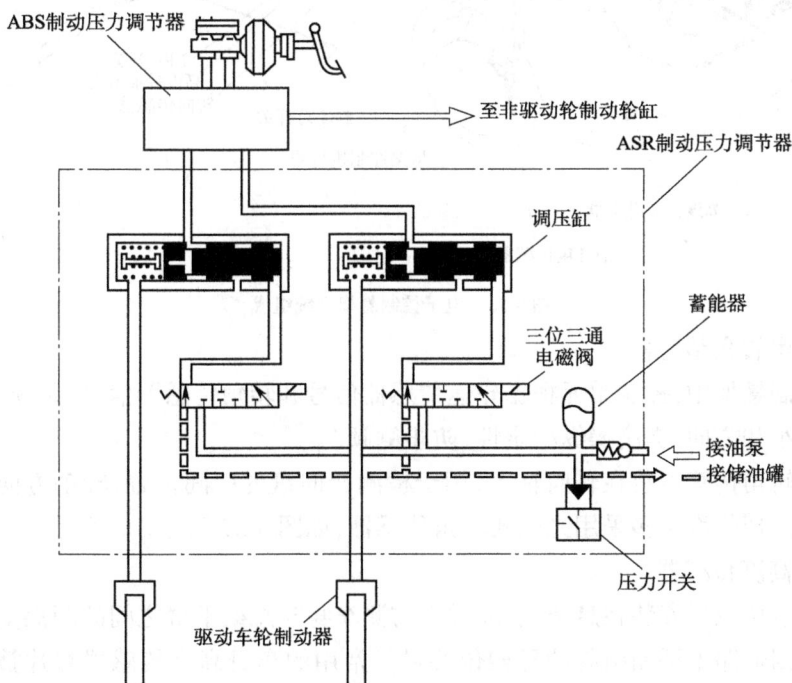

图 3-55 单独式 ASR 制动压力调节器

❸ 电子控制悬架系统

电子控制悬架系统在不同的使用条件下具有不同的弹簧刚度和减振器阻尼力,既能满足平顺性的要求又能满足操纵稳定性的要求。其基本功能如下:车高调整、减振器阻尼力控制、弹簧刚度控制。

电子控制悬架系统一般由传感器及开关、电子控制单元和执行机构等组成,如图 3-56

所示。

电子控制悬架系统的传感器及开关主要有转向盘转角传感器、车身高度传感器、加速度传感器、模式选择开关以及与其他系统共用的轮速传感器、节气门位置传感器、车门传感器、制动灯开关等。

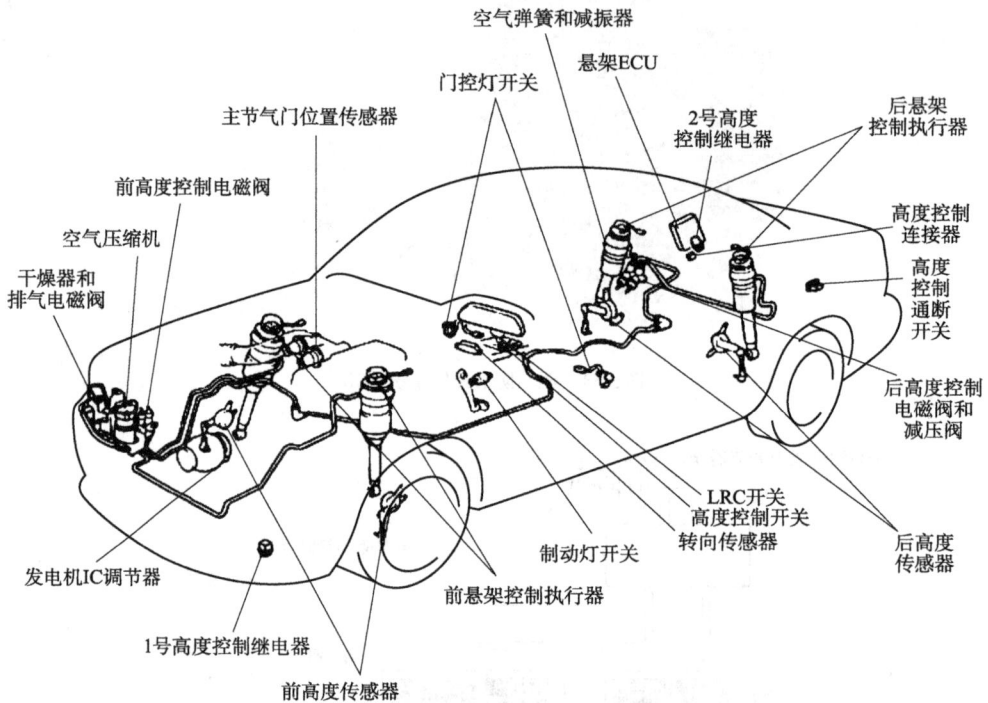

图 3-56　电子控制悬架系统组成

1）转向盘转角传感器

电子控制悬架中，控制单元根据轮速传感器信号和转角传感器信号，判断汽车转向时侧向力的大小和方向，提高操纵稳定性、防止侧倾。

转向盘转角传感器装在转向轴上，用于检测转向盘的中间位置、转动方向、转动角度和转动速度。现代汽车多采用光电式转角传感器，如图 3-57 所示。

2）车身高度传感器

车身高度传感器安装在悬架上，通过它监测车身与悬架下臂之间的距离变化，来检测汽车高度和因道路不平而引起的悬架位移量。常用的车身高度传感器有片簧开关式、霍尔式和光电式，如图 3-58 所示。

3）加速度传感器

加速度传感器用于测量车身横向加速度和纵向加速度。横向加速度传感器主要用于检测汽车转向时，汽车因离心力的作用而产生的横向加速度，并将产生的电信号输送给电子控制单元，使电子控制单元能判断悬架系统的阻尼力改变的大小及空气弹簧中空气压力的调节情况，以维持车身的最佳姿势。常用的加速度传感器有差动变压器式和钢球位移式等，如图 3-59 所示。

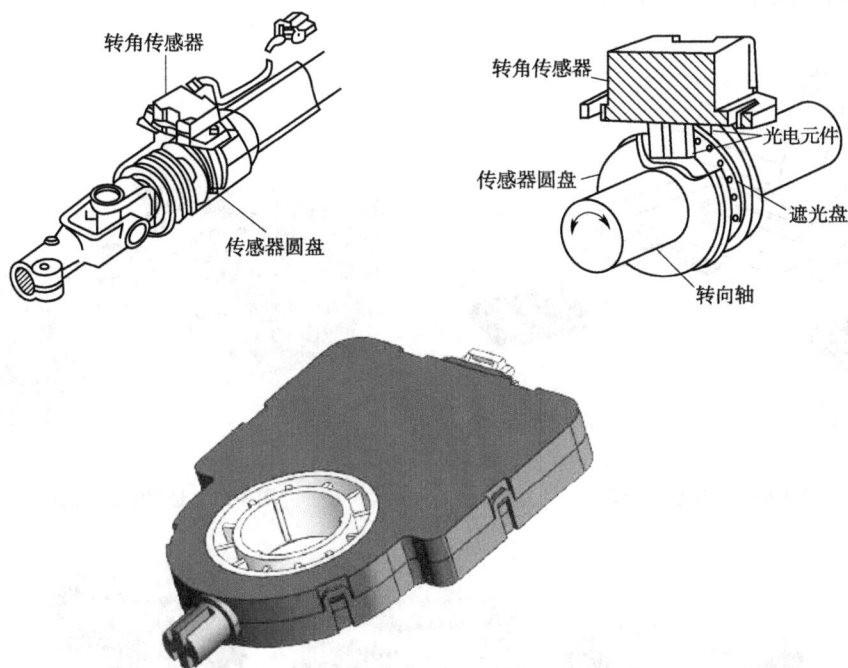

图 3-57 转向盘转角传感器结构及安装位置

图 3-58 常用的车身高度传感器

图 3-59 加速度传感器

4）模式选择开关

模式选择开关位于变速器操纵手柄旁，用于选择电控悬架的运行模式，如图 3-60 所示。驾驶人根据汽车的行驶状况和路面情况选择悬架的运行模式，即悬架的"软"、"中"或"硬"状态。

5）电子控制单元（ECU）

悬架电子控制单元接收各传感器、开关输入的信号，通过运算处理，控制执行器进行适应性调节，保持车辆的平顺性和操纵稳定性，如图 3-61 所示。

6）空气弹簧

空气弹簧用以调节悬架高度和刚度，如图 3-62 所示。与空气弹簧相连接的可调阻尼式减振器调节减振器阻尼系数。

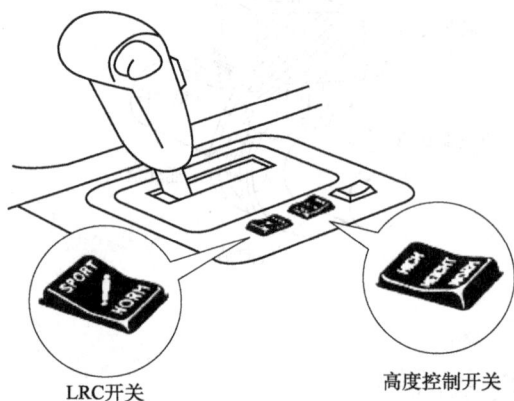

LRC开关　　　　　　　　　　高度控制开关

图 3-60　模式选择开关

图 3-61　悬架电子控制单元

图 3-62　空气弹簧

单元小结

1. 汽车底盘由传动系统、行驶系统、转向系统和制动系统四部分组成。

2. 汽车传动系统主要由离合器、变速器、万向传动装置和驱动桥等部分组成。

3. 行驶系统由车架、车桥、车轮和悬架等组成。

4. 机械转向系统由转向盘、转向轴、转向器、转向传动机构组成。液压助力转向系统额外增加了转向助力泵、转向油管、储油罐、整体式动力转向器(转向器内部的转向控制阀及转向动力缸)等。

5. 汽车制动系统由制动踏板、真空助力器、制动主缸、ABS 单元(包括控制单元、ABS 油泵和油压调节器)、轮速传感器、液压油管、制动轮缸、制动器组成。

6. 底盘电控系统主要包括电控自动变速器、电控防抱死制动系统、驱动防滑控制系统、电控悬架系统、电控动力转向系统等。

思考与练习

1. 汽车底盘的作用是什么？其基本组成包括哪些？

2.汽车传动系统的基本组成包括哪些?

3.离合器操纵机构包括哪些部分?

4.手动变速器操纵机构主要由哪些部分组成?

5.简述汽车行驶系统的作用及其组成。

6.简述机械汽车转向系统的作用及其组成。

7.汽车制动系统主要配件有哪些?

8.常见底盘电控系统有哪些?

单元四　汽车电气系统配件

学习目标

1. 识别电源系统配件并了解其功能；

2. 识别照明系统配件并了解其功能；

3. 识别汽车信号系统配件并了解其功能；

4. 识别辅助电气系统配件并了解其功能；

5. 识别空调系统配件并了解其功能；

6. 识别仪表、车用线束、电气保护装置及继电器配件。

建议课时

10 课时。

现代汽车电气设备的种类和数量很多，但总的来说可以分为电源、用电设备和配电装置三部分。用电设备主要包括起动系统、点火系统（仅限于汽油发动机）、照明系统、信号装置、仪表及报警装置、车辆电动系统、空调系统、汽车电子控制系统。配电装置包括中央接线盒、熔断器、继电器、导线束及插接件、电路开关等。

一　电源系统配件

电源系统主要包括蓄电池、发电机、调节器，如图 4-1 所示。

蓄电池的主要作用是发动机起动时向起动机供电，同时辅助发电机向用电设备供电。发电机为主电源，发电机正常工作时，由发电机向全车用电设备供电，同时给蓄电池充电。调节器的作用是使发电机的输出电压保持恒定。

1 蓄电池

蓄电池是一种将化学能转变为电能的装置，属于可逆的直流电源。应用最广泛的汽车蓄电池是铅酸免维护蓄电池,现代汽车用蓄电池越来越多地采用免维护蓄电池,其外观及在车上安装位置如图4-2所示。

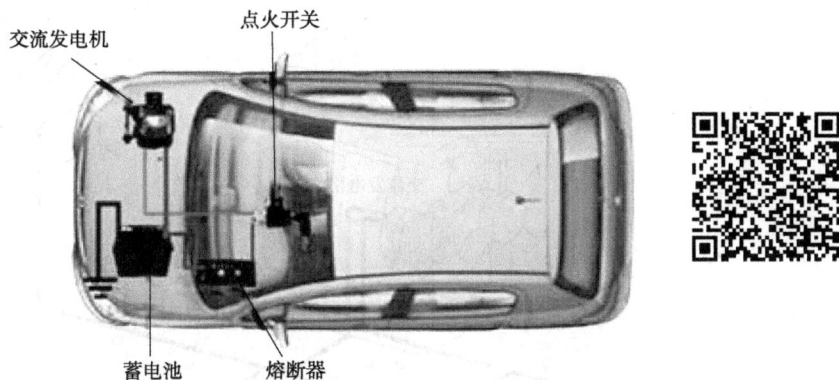

图 4-1　汽车电源系统的组成

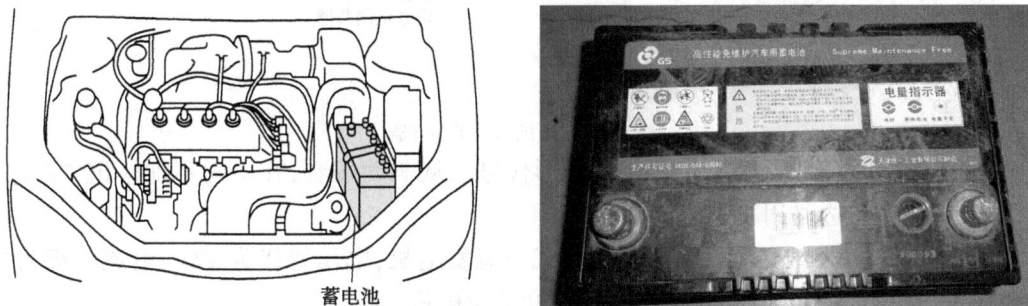

图 4-2　蓄电池

蓄电池型号由以下几部分组成:串联的单体电池数;类型和特征;额定容量和特殊性能。例如6-QAW-100:6表示由6个分电池组成,额定电压为12V;QAW表示蓄电池的类型和特征,为起动型干电荷免维护蓄电池;100表示蓄电池的额定容量,为100A·h。

② 发电机

在发动机正常工作时,发电机将发动机一部分机械能转变为电能,经电压调节器调整后给车上用电设备提供电能,并向蓄电池充电,以补充蓄电池在使用中所消耗的电能,如图4-3所示。

发电机是汽车电气系统的电源,由发动机曲轴V形带轮通过V形带驱动,如图4-4所示。

汽车交流发电机的型号主要包括产品代号、电压等级代号、电流等级代号、设计序号、变形代号。

(1)产品代号。交流发电机的产品代号有JF、JFZ、JFB和JFW共4种,分别表示交流发电机、整体式交流发电机、带泵交流发电机和无刷交流发电机。

(2)电压等级代号。交流发电机的电压等级代号用一位阿拉伯数字表示,1表示12V,2表示24V,6表示6V。

(3)电流等级代号。用一位阿拉伯数字表示,1表示1~19A,2表示20~29A,依次类推,9 表示大于等于 90A。

（4）设计序号。按产品设计先后顺序,由 1～2 位阿拉伯数字组成。

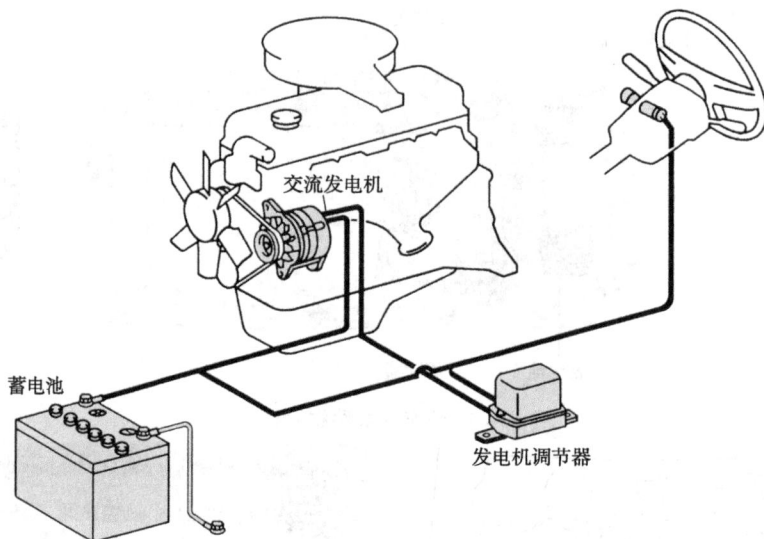

图 4-3   发电机和电压调节器

（5）变形代号。以调整臂位置作为变形代号。从驱动端看,在中间不加标记,在左边时用 Z 表示,在右边时用 Y 表示。

例如:JFZ1913Z 型交流发电机是整体式交流发电机,电压等级为 12V,电流等级为≥90A,第 13 次设计,调整臂在左边的整体式交流发电机。

3 电压调节器

电压调节器是把发电机输出电压控制在规定范围内的调节装置,如图 4-5 所示。电压调节器能够防止发电机电压过高而烧坏用电设备和导致蓄电池过量充电,同时也防止发电机电压过低而导致用电设备工作失常和蓄电池充电不足。电压调节器使发电机输出电压在发动机所有工况下基本保持恒定。

图 4-4   发电机

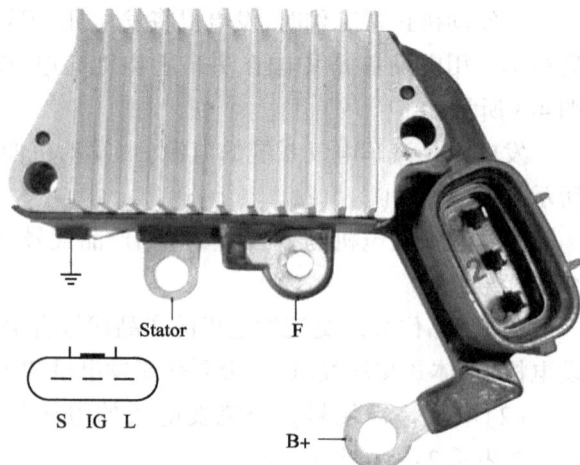

图 4-5   电压调节器

汽车交流发电机电压调节器的型号包括产品代号、电压等级、结构代号、设计序号、变形代号。

二　照明系统配件

为了保证汽车行驶安全,现代汽车上都装备照明系统,用于提供车辆夜间安全行驶必要的照明。汽车照明系统包括前照灯、示廓灯、日间行车灯、雾灯、牌照灯、顶灯、仪表灯、转向灯、制动灯、倒车灯等,安装位置如图4-6所示。

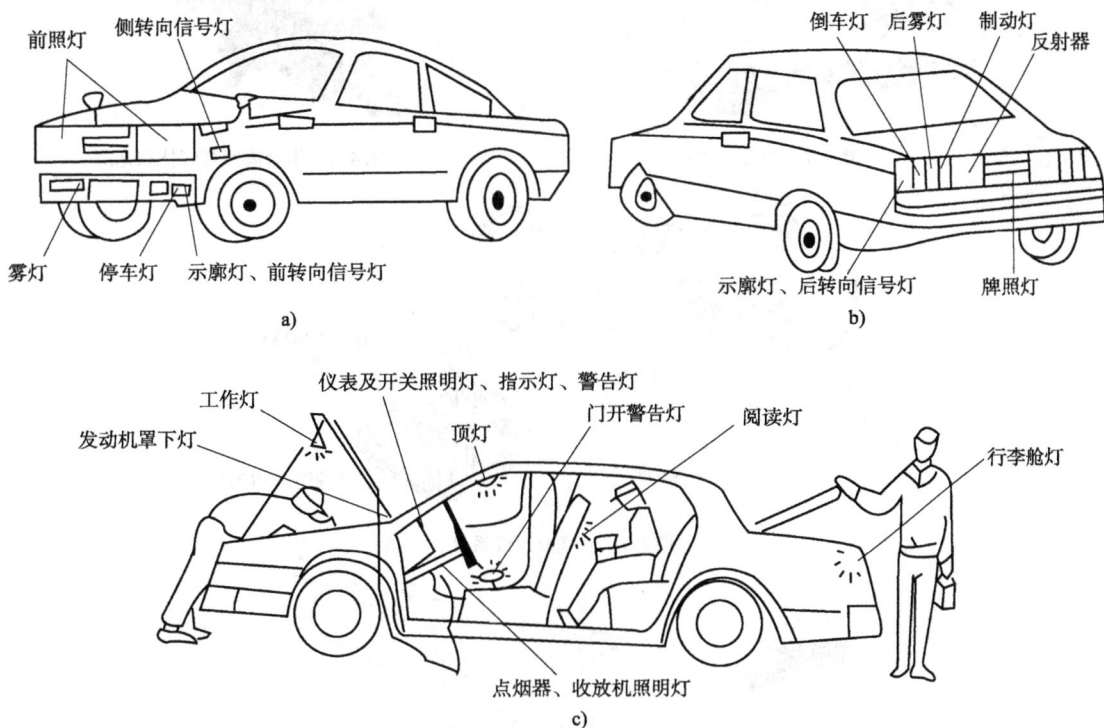

a)

b)

c)

图4-6　汽车照明系统安装位置

1 前照灯系统

前照灯,装于汽车头部两侧,用于夜间行车时的道路照明,通常包括前照灯组、前照灯开关、继电器和连接线等。汽车上多用组合前照灯,即将前照灯、前小灯、前转向灯组合在一起,如图4-7所示。

1)组合前照灯

汽车上采用的组合前照灯多为整体密封式的,包括灯体和光源两个部分,如图4-8所示。灯体中包含了反射镜、配光镜,有些还装有透镜。光源即灯泡,常用的有白炽灯泡、卤素灯泡、氙气灯泡及LED灯泡。

氙气前照灯系统由小型石英灯泡、变压器和电子单元组成,如图4-9所示。

2)前照灯开关

现代汽车的前照灯开关大部分装在转向盘下方,如图4-10所示。

图4-11所示为一组合开关,左侧开关可操纵前照灯及转向灯,右侧开关则用以操纵

刮水器、洗涤器电动机、巡航系统等。

图 4-7　组合前照灯

图 4-8　组合前照灯灯体和光源

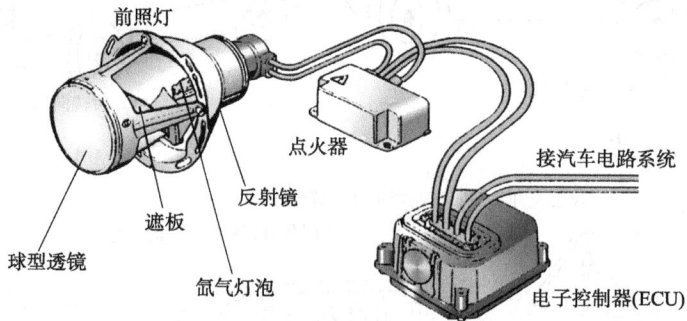

图 4-9　氙气前照灯系统

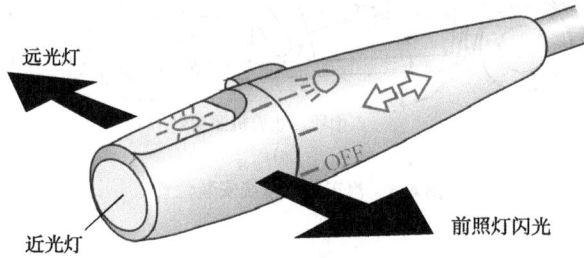

图 4-10　前照灯开关

图 4-11　组合开关

3）前照灯继电器

前照灯的工作电流较大，如用车灯开关直接控制前照灯，车灯开关易烧坏，因此在灯光电路中设有前照灯继电器，以保护车灯开关，如图 4-12 所示。

❷ 雾灯

雾灯用于雨、雪、雾或尘埃弥漫天气时的行车照明并具有信号作用。雾灯有前雾灯和后雾灯两种,如图 4-13 所示。雾灯的光色规定为黄色、橙色或红色。

图 4-12　前照灯继电器

图 4-13　前雾灯

❸ 示廓灯

示廓灯,安装在车辆前面和后面两侧对称位置。多数车辆的示廓灯与组合式前照灯、组合式尾灯安装在一起,用于标识汽车夜间行驶或停车时的宽度轮廓。如图 4-14 所示。

❹ 牌照灯

牌照灯用于夜间行驶时照亮车牌照,如图 4-15 所示。

图 4-14　组合式尾灯中的示廓灯

图 4-15　牌照灯

❺ 阅读灯和车顶灯

阅读灯在前座椅上方,如图 4-16 所示。压下开关灯亮,点火开关在任何位置时阅读灯均可点亮。

车顶灯装在车顶的中央,如图 4-17 所示。其开关通常有三个位置,OFF 时灯熄灭,ON 时灯一直亮着,DOOR 时在车门打开时灯才亮,车门关闭后熄灭。

❻ 车门灯和行李舱灯

车门灯安装在四个车门下方,如图 4-18 所示。当车门打开时灯亮,照亮地面。

行李舱灯安装在行李舱内,当行李舱打开时灯亮,如图 4-19 所示。

图 4-16 阅读灯

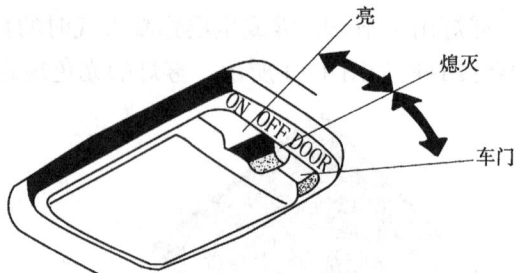

亮
熄灭
车门

图 4-17 车顶灯

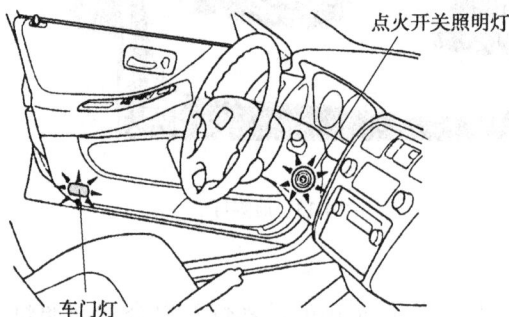

点火开关照明灯

车门灯

图 4-18 车门灯

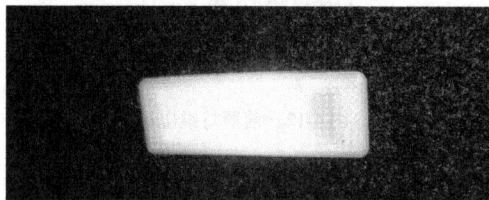

图 4-19 行李舱灯

三 信号系统配件

汽车信号装置的作用是产生特定的声音和灯光信号,向其他车辆的驾驶人和行人发出警告,以引起注意,确保汽车的行驶安全。汽车信号装置主要包括喇叭信号装置、转向信号装置、制动信号装置和倒车信号装置等。

① 喇叭信号装置

汽车喇叭信号装置主要用于警告行人和其他车辆,以引起注意,保证行车安全。包括喇叭(图 4-20)、喇叭开关(图 4-21)、喇叭继电器(图 4-22)及连接线路。

a)螺旋形喇叭

b)盆形喇叭

c)筒形喇叭

图 4-20 喇叭

② 转向灯信号装置

在汽车起步、超车、转弯和停车时,左侧或右侧的转向信号灯会发出明暗交替的闪光信号,以示汽车改变行驶方向。为使转向信号醒目可靠,转向灯的颜色采用橙色。

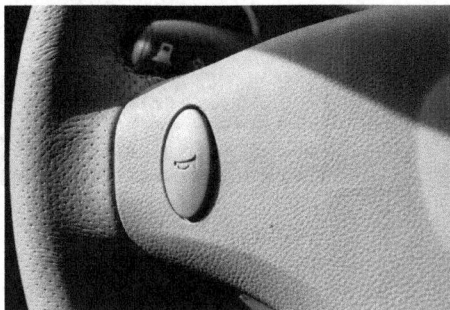

图4-21　喇叭开关

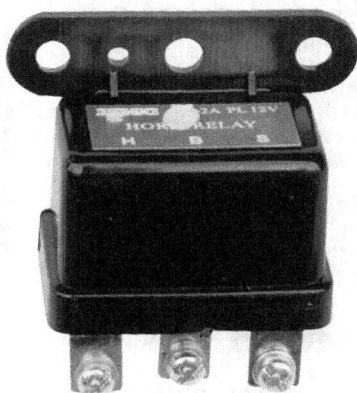

图4-22　喇叭继电器

　　转向信号的电路一般包括转向灯开关、左右的车前转向灯、车后转向灯、车侧转向灯及转向指示灯、闪光器及连接线路等,如图4-23所示。

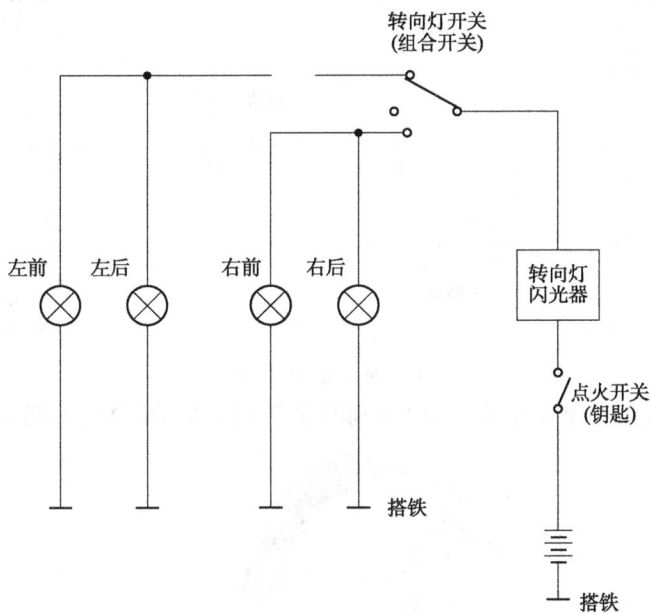

图4-23　转向信号的电路

　　转向灯开关包含在组合开关内,如图4-11所示。前后转向灯泡通常安装在前后组合灯组内,如图4-7,图4-14所示。

　　闪光器在汽车转弯(或变道)时,使转向灯发出明暗交替的闪烁光,以示汽车的行驶趋向,如图4-24所示。

❸ 制动灯信号装置

　　制动灯安装在车辆尾部,当车辆制动时点亮,以避免后面车辆与其相撞。后制动灯通常安装在后组合灯组内,如图4-14所示。目前,轿车均安装有高位制动灯,它安装在后窗中心线、靠近窗底部附近,如图4-25所示。

图 4-24　闪光器

图 4-25　高位制动灯

制动灯电路一般不受点火开关控制,直接由电源、熔断丝到制动灯开关,只要制动开关接通,制动灯就亮起,如图 4-26 所示。

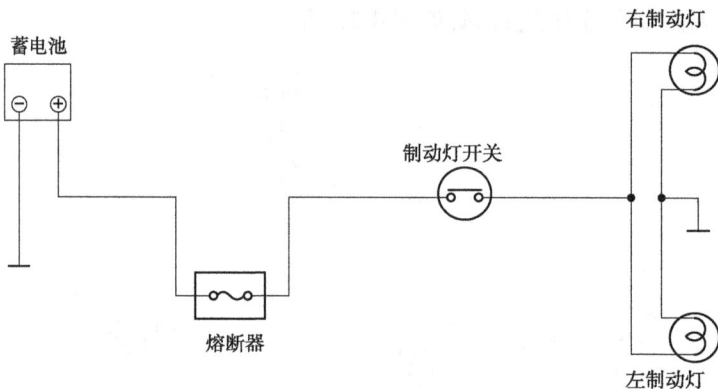

图 4-26　制动灯电路

制动灯开关安装在制动踏板旁,由其判断是否踩下制动踏板,如图 4-27 所示。

图 4-27　制动灯开关

4 倒车信号装置

倒车灯安装于车辆尾部,在夜间给驾驶人提供额外照明,同时倒车灯也警告车辆后面的驾驶人和行人。有些汽车上还装有倒车蜂鸣器,在倒车时发出声音报警。通常安装在后组合灯组内,如图 4-14 所示。

四 辅助电器系统配件

(一)刮水器和洗涤器

刮水器的作用是用来清除风窗玻璃上的雨水、雪或尘土,以确保驾驶人有良好的视野。在行驶中,由于泥土的飞溅或其他原因污染风窗玻璃,所以风窗刮水器还设有洗涤装置。有些轿车还装备有前照灯冲洗系统。风窗刮水器和洗涤器系统在车上的布置如图 4-28 所示。

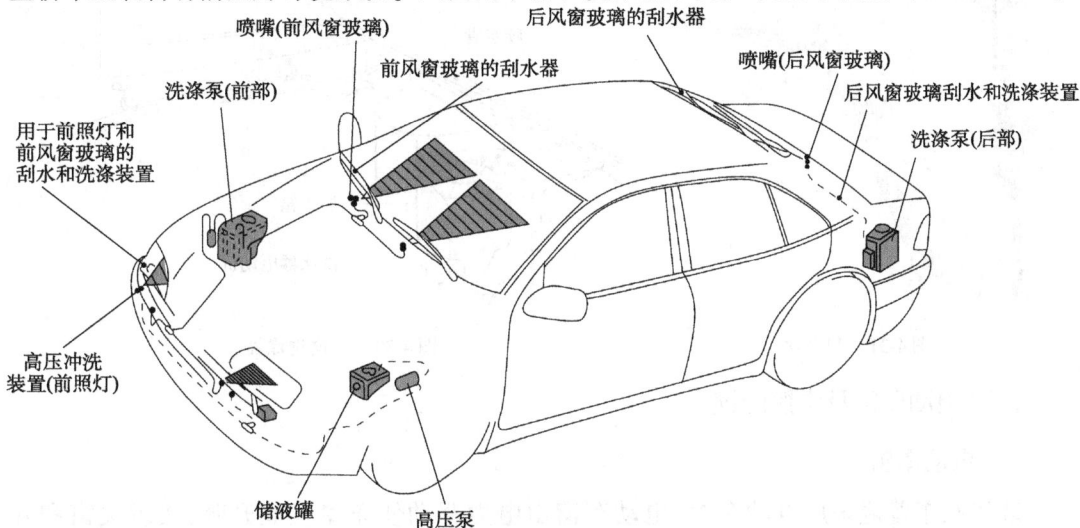

图 4-28 刮水器和洗涤器

❶ 刮水器

现代汽车普遍使用电动刮水器,主要由电动机、连杆及摆臂和刮水片等组成。通常有高速挡、低速挡、间歇挡及点动挡,由组合开关控制。车辆均装有前刮水器,部分两厢轿车或 SUV 也装有后刮水器。

1)刮水器电动机

刮水器电动机是刮水器的动力源,如图 4-29 所示。

2)连杆及摆臂

连杆及摆臂是刮水器的传动件,同时也支撑着刮水片,如图 4-30 所示。

图 4-29 刮水器电动机

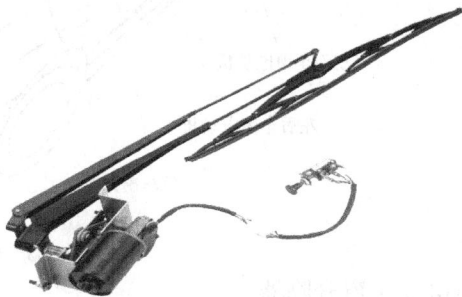

图 4-30 连杆及摆臂

3）刮水片

刮水片用于刮擦玻璃表面,按有无骨架分为有骨刮水片和无骨刮水片两种,如图4-31所示。刮水片是耗损件,磨损后需要及时更换以保证刮水效果。

❷ 洗涤器

目前汽车使用的风窗洗涤器均为电动式,其结构包括储水箱、喷水管及喷嘴等部分,电动机及水泵安装在储水箱上,如图4-32所示。

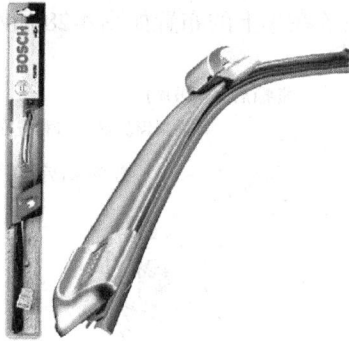

图4-31 刮水片

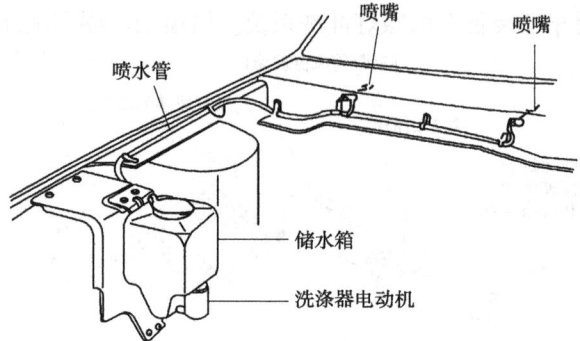

图4-32 风窗洗涤器

（二）电动车窗及中控门锁

❶ 电动车窗

现代汽车普遍采用电动车窗,电动车窗由电力驱动使车窗玻璃升降,实现关窗和开窗,操作十分方便。电动车窗由电动车窗升降器和车窗开关组成,如图4-33所示。

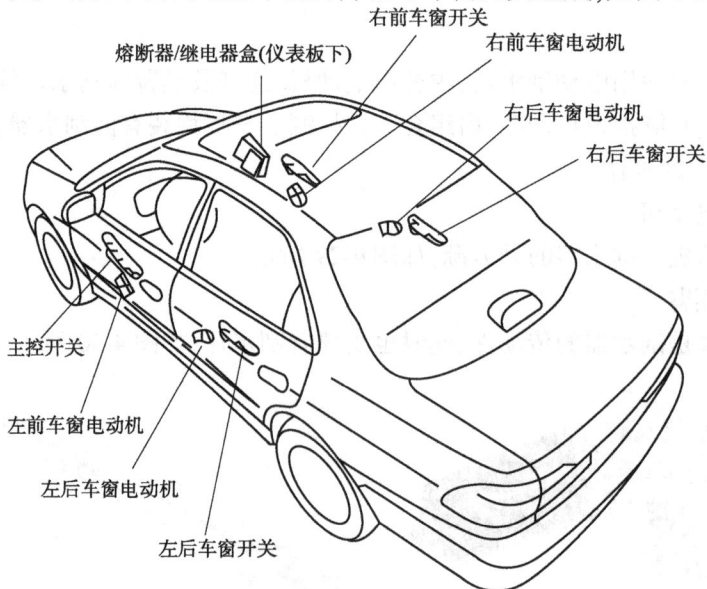

图4-33 电动车窗

1）电动车窗升降器

电动车窗升降器包括电动机和车窗玻璃升降机构。电动机一般为双向永磁直流电动机,用车窗开关控制电动机的电流方向,实现正反方向旋转,如图 4-34 所示。车窗玻璃升降机构用来使车窗玻璃上下移动,它有绳轮式、齿条式和交叉臂式三种形式,如图 4-35 所示。

图 4-34　车窗电动机

图 4-35　车窗玻璃升降机构

2)车窗开关

车窗开关一般安装于车门内饰板上,包括主控开关和车窗开关。当接通车窗开关"上"或"下",电动机通电旋转,改变通过电动机电流的方向,可改变电动机转向,使车窗玻璃升起或降下,如图 4-36 所示。

2 电动天窗

有些中高档轿车安装了电动天窗,甚至全景天窗。电动天窗开启后,汽车行驶时,车顶气流快速流动,车内形成负压,进行通风换气,气流极其柔和,可使车内空气新鲜。

图 4-36　车窗开关

电动天窗的主要部件包括天窗玻璃、电动机及传动机构、天窗开关、遮阳板等,如图 4-37 所示。电动天窗由天窗开关控制开启、关闭、倾斜等。

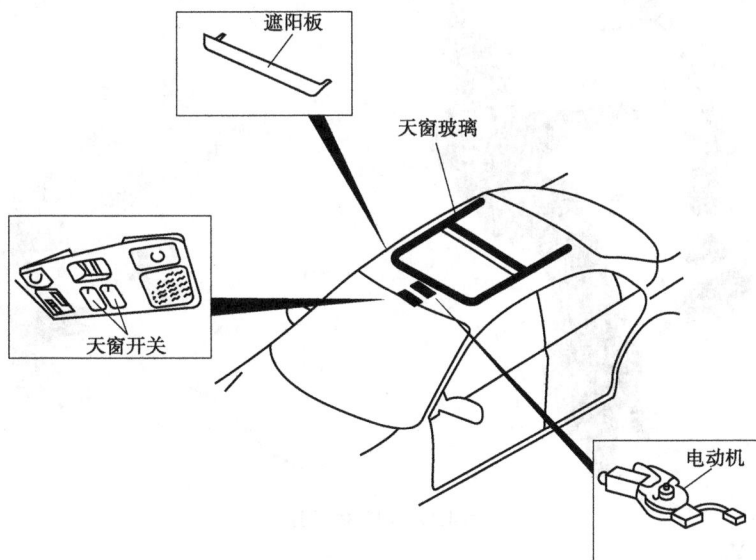

遮阳板

天窗玻璃

天窗开关

电动机

图 4-37　电动天窗

3 中控门锁

汽车的车门门锁和行李舱盖锁实现集中控制,即采用中控门锁,使用十分方便。中控门锁由门锁执行器和门锁开关组成,如图4-38所示。

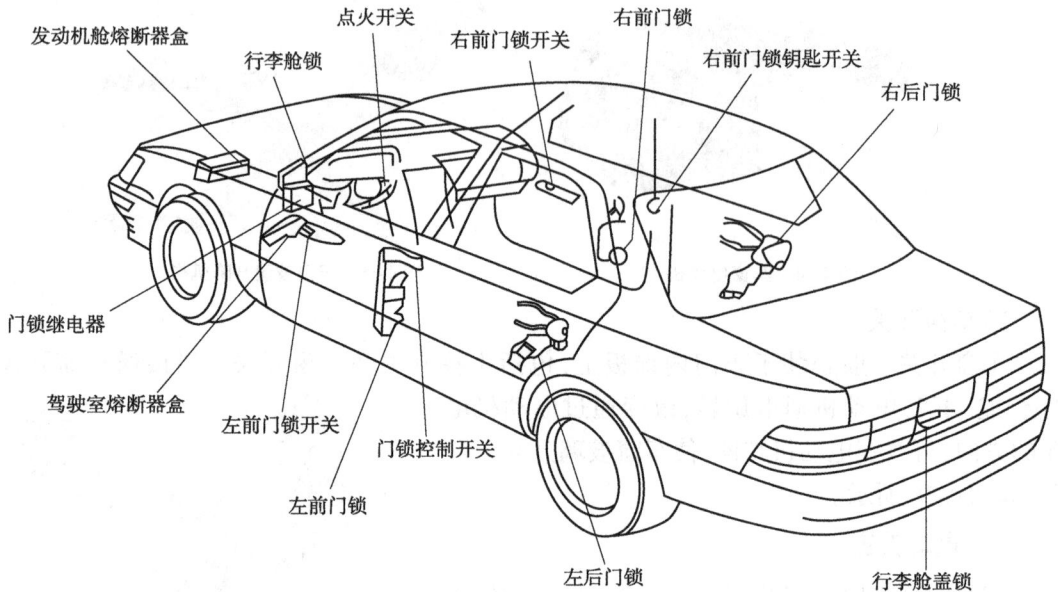

图4-38 中控门锁组成

1)门锁执行器

门锁执行器用于拨动锁扣,完成门锁的锁止和开锁动作。门锁执行器有电磁铁式和电动机式两种类型,如图4-39所示。

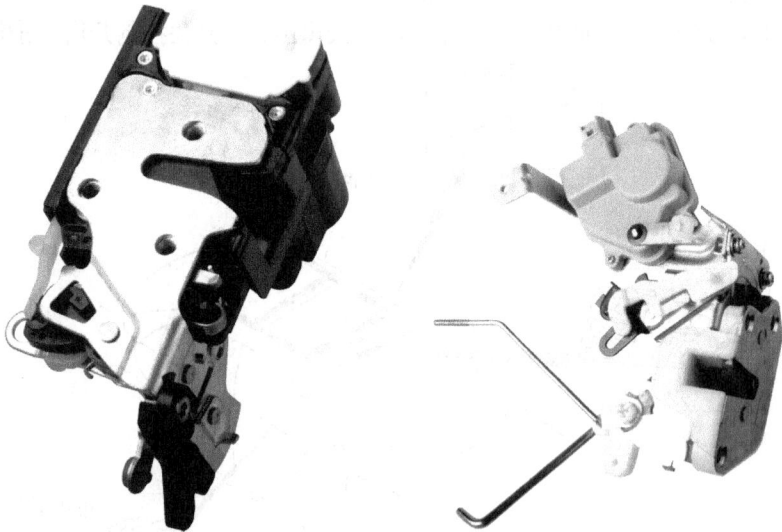

图4-39 门锁执行器

2)门锁开关

门锁开关包括门锁钥匙开关、门锁控制(中控门锁开关、车门门锁开关)、行李舱锁开关等。

（1）门锁钥匙开关。门锁钥匙开关一般设在前车门门锁上，从车外通过钥匙开启和锁止门锁，如图4-40所示。

（2）门锁控制开关。门锁控制开关包括中控门锁开关与车门门锁开关，安装在车门扶手上。中控门锁开关由驾驶人操作，集中控制各门锁的锁止和开锁。车门门锁开关由其他乘员操作，控制单个车门门锁的锁止和开锁，如图4-41所示。

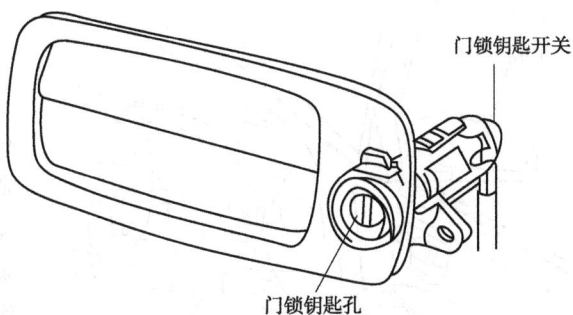

图4-40 门锁钥匙开关

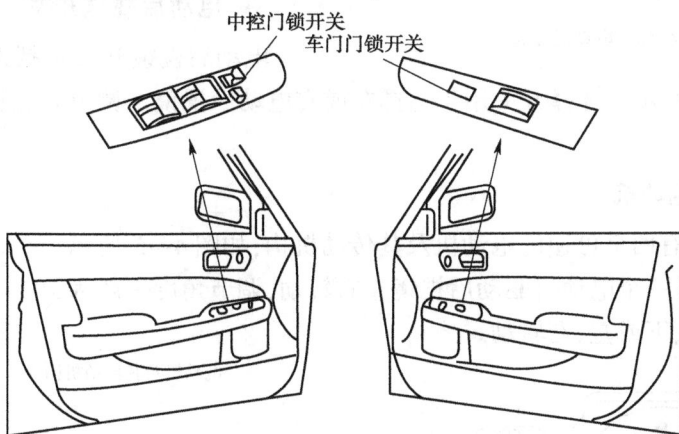

图4-41 门锁控制开关

（三）防盗报警系统

防盗报警系统一般由信号输入装置（开关、传感器）、防盗ECU、执行机构（报警装置和防起动装置）、遥控装置等组成，如图4-42所示。

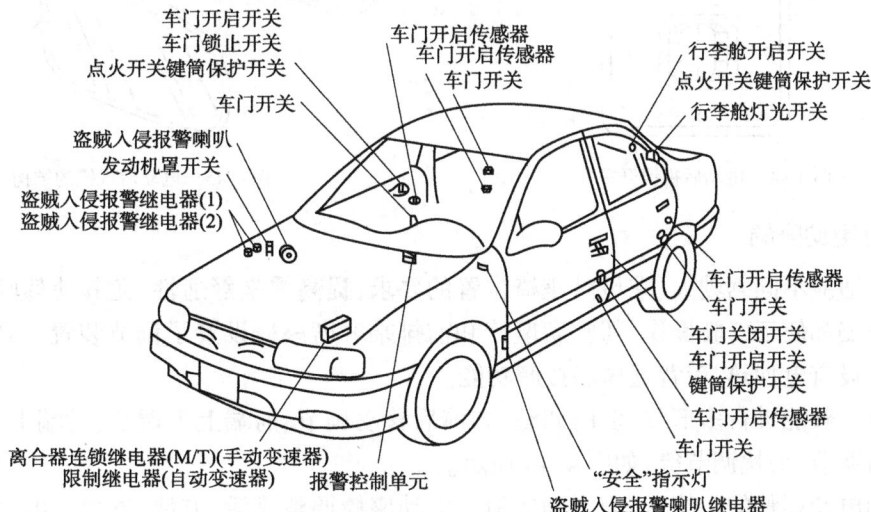

图4-42 防盗报警系统

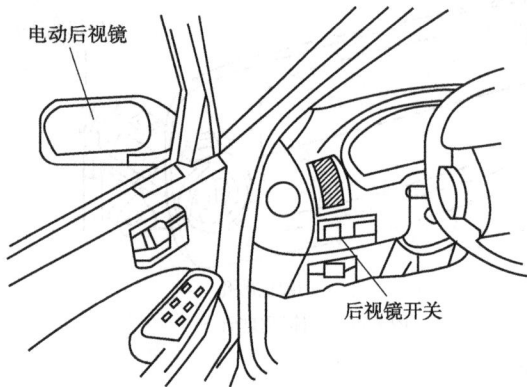

图4-43　电动后视镜

（四）电动后视镜

后视镜也称倒车镜,安装在汽车前部左右两侧车门上。后视镜的作用是供驾驶人观察汽车两侧及后方的车辆、行人及其他情况。后视镜可采用手动调节和电动调节。采用电动调节的后视镜称为电动后视镜,操作十分方便。电动后视镜包括控制开关、调节电动机及后视镜片等,如图4-43 所示。

1 电动后视镜开关

电动后视镜开关包括选择开关和调节开关,如图4-44 所示。选择开关用于选择左或右电动后视镜。调节开关控制电动后视镜的调节方向。

2 后视镜电动机

后视镜上装有两个可逆的电动机及其传动机构,如图4-45 所示。一个电动机驱动后视镜上下转动,另一个电动机驱动后视镜左右转动,调节角度一般为20°～30°。后视镜由电动机驱动可上、下或左、右转动。

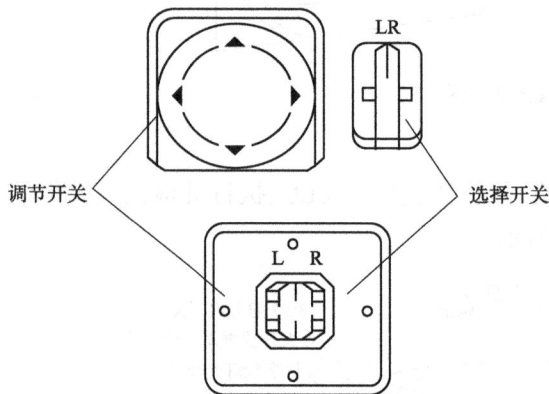

图4-44　电动后视镜开关

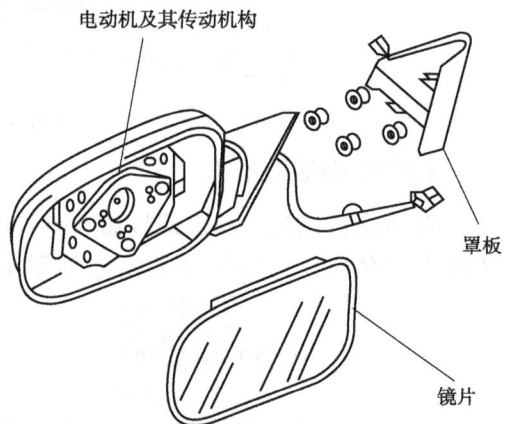

图4-45　电动后视镜的结构

（五）电动座椅

为了适应不同驾驶人、乘员对座椅位置的要求,提高乘坐舒适性,尤其使驾驶人保持正确的坐姿和便于驾驶操作,驾驶席座椅和前排乘客席座椅设置了调节装置。高档轿车座椅甚至设有电加热、后背通风和按摩功能。

座椅一般能进行多部位、多向调整,如前后移动调节、前端上下调节、后端上下调节、靠背倾斜调节、头枕调节等,如图4-46 所示。

采用电动调整的座椅,称为电动座椅。电动座椅调整灵活、方便、省力。电动座椅有调节开关和调节装置,其中调节装置包括调节电动机和传动机构,如图4-47 所示。

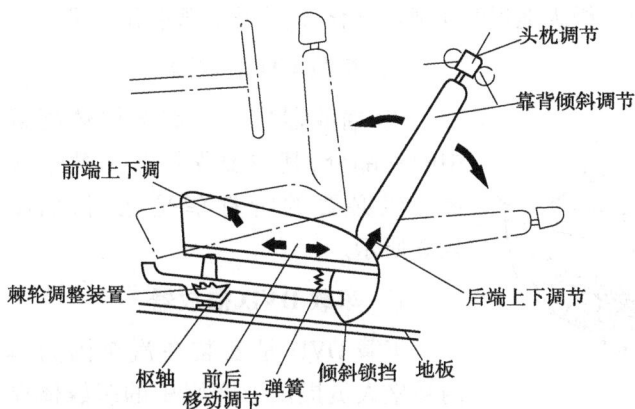

图 4-46 座椅调整示意图

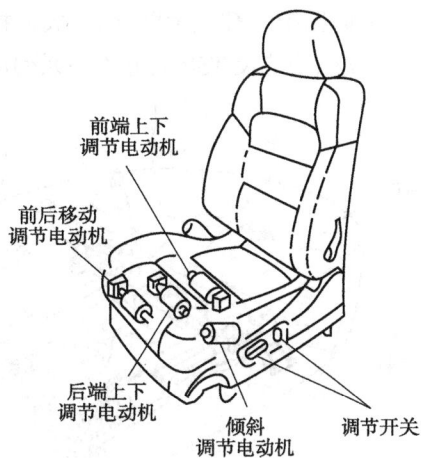

图 4-47 电动座椅组成

❶ 调节开关

调节开关安装于座椅侧面,方便驾乘人员操作,如图 4-48 所示。

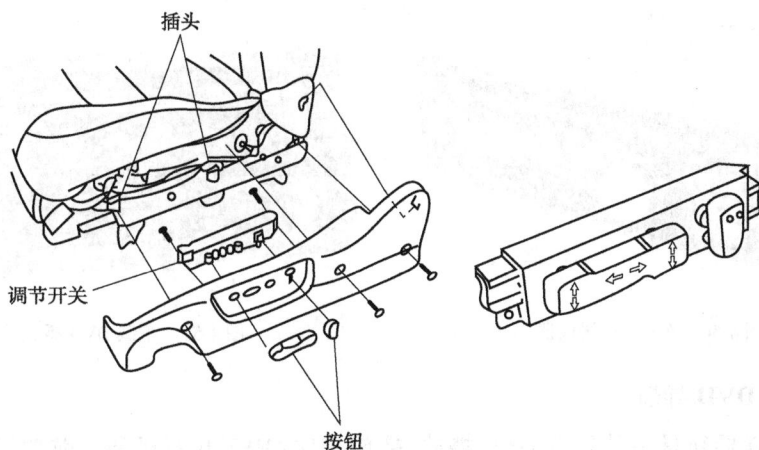

图 4-48 调节开关

❷ 调节装置

电动座椅的前后移动调节装置包括前后移动调节电动机和传动机构,前后移动调节电动机为双向永磁直流电动机,传动机构由螺杆、螺母、轨道、支架等组成。前后移动调节电动机通电旋转,带动螺杆转动,使螺母在轨道上滑动,座椅便可向前或向后移动,如图 4-49 所示。

(六)车载娱乐系统及导航

车载信息娱乐系统(In – Vehicle Infotainment,IVI),是采用车载专用中央处理器,基于车身总线系统和互联网服务,形成的车载综合信息处理系统。IVI 能够实现包括三维导航、实时路况、IPTV、辅助驾驶、故障检测、车辆信息、车身控制、移动办公、无线通信、基于在线的娱乐功能及 TSP 服务等一系列应用,极大地提升车辆电子化、网络化和智能化水平。

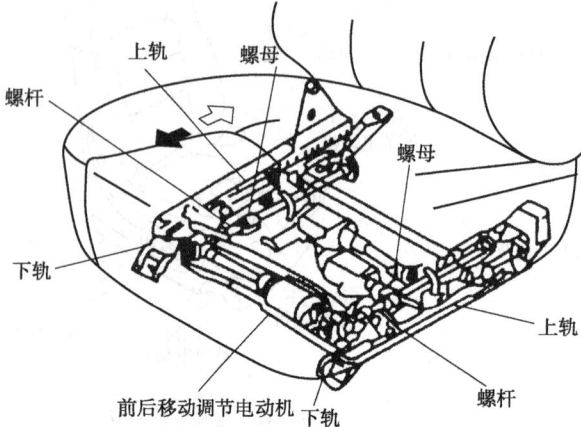

图 4-49 电动座椅前后移动调节装置结构

1 车载 CD 播放器

CD 播放器作为车载多媒体配置中的一部分,其主要作用是为驾乘人员提供必要的听觉享受之用,如图 4-50 所示。

2 车载 DVD 播放器

车载 DVD 是安装在汽车内为车内乘坐人员提供影音娱乐的多媒体播放系统,如图 4-51 所示。

一般除了播放 DVD 格式影碟外,车载 DVD 还支持 VCD/MP3/WMA/ MP4 等格式的影音文件和碟片,有的还支持 SD、USB、IPOD 等。

图 4-50 车载 CD 播放器

图 4-51 车载 DVD 播放器

3 车载 DVD 导航

车载 DVD 导航是一种具有 DVD 播放、播放 MP4/MP3 收音机和导航功能为主的车载主机,如图 4-52 所示。

图 4-52 车载 DVD 导航

目前 4S 店提供的车载 DVD 导航根据车型设计，其电源插头、音响线将与原车完全对插，不改变原车任何线路，并且外观、面板与原车仪表板配合一致。有的车载 DVD 导航还兼具倒车影像功能。

④ 行车记录仪

行车记录仪即记录车辆行驶途中的影像及声音等相关资讯的仪器，如图 4-53 所示。安装行车记录仪后，能够记录汽车行驶全过程的视频图像和声音，可为交通事故提供证据。目前行车记录仪多为加装件，一般使用点烟器取电的形式。

图 4-53 行车记录仪

五 空调系统配件

汽车空调系统对车内空气流量、温度、湿度和清洁度进行调节。给驾驶人及乘客创造舒适的环境，改善工作条件，减轻旅途疲劳，从而也提高了工作效率和安全性。

汽车空调系统一般由制冷系统、采暖系统、通风装置、加湿装置、空气净化装置和控制装置等组成，其在车上布置如图 4-54 所示。

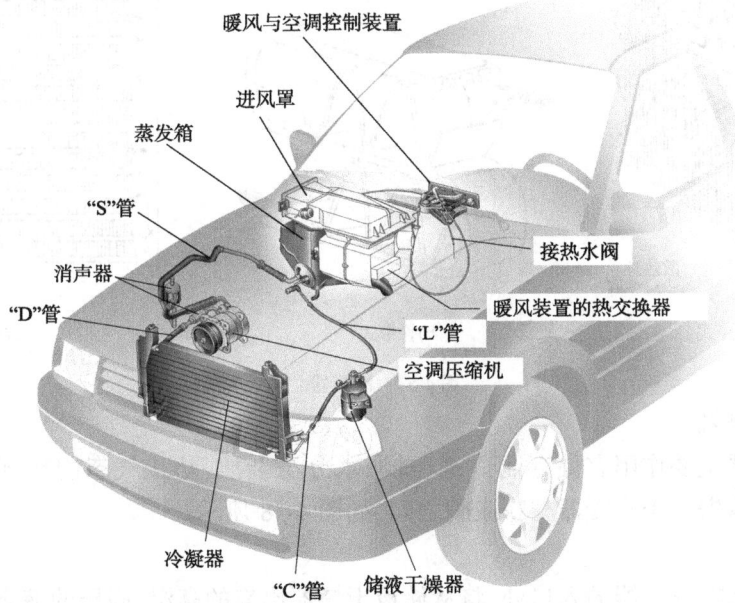

图 4-54 汽车空调系统

① 制冷系统

汽车空调制冷系统由压缩机、冷凝器、储液干燥器、膨胀阀、蒸发器、风机及制冷管道等组成，如图 4-55 所示。

1) 压缩机

压缩机使制冷剂保持循环，如图 4-56 所示。

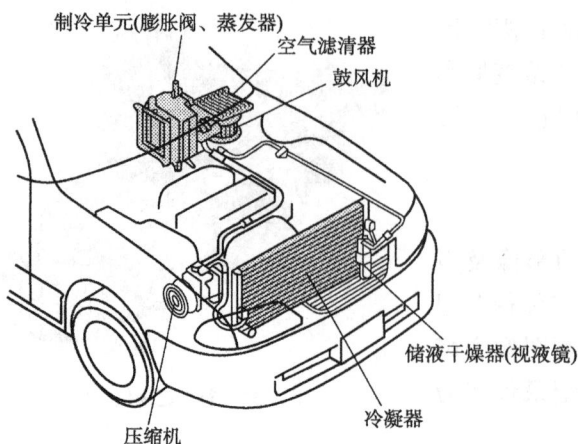

图4-55　汽车空调制冷系统

图4-56　压缩机

2）冷凝器

冷凝器通常安装在发动机散热器前,冷凝器是一个热交换器(图4-57),它将制冷剂在车内吸收的热量通过冷凝器散发到大气中。

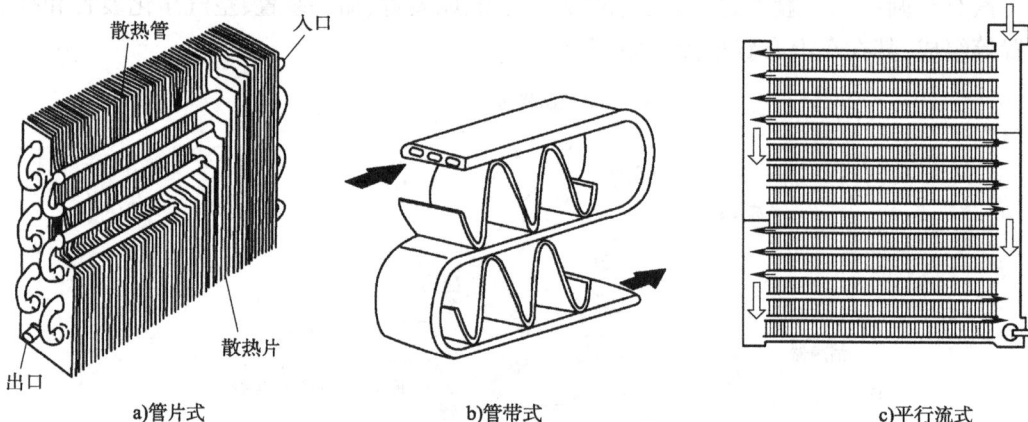

a)管片式　　　　　b)管带式　　　　　c)平行流式

图4-57　冷凝器

3）储液干燥器

储液干燥器主要作用有储存制冷剂、过滤水分与杂质、防止气态制冷剂进入蒸发器等。储液干燥器安装于冷凝器与膨胀阀之间,如图4-58所示。

4）膨胀阀

膨胀阀安装在蒸发器的入口处,将从储液干燥器出来的高温、高压的液态制冷剂从膨胀阀的小孔喷出,使其降压,体积膨胀,转化为雾状制冷剂,并根据制冷负荷的大小调节制冷剂的流量,如图4-59所示。

5）蒸发器

蒸发器也是一个热交换器,膨胀阀喷出的雾状制冷剂在蒸发器中蒸发,吸收蒸发器空气中的热量,使其降温,达到制冷的目的。蒸发器安装在驾驶室仪表台的后面,其结构如图4-60所示。

图 4-58 储液干燥器

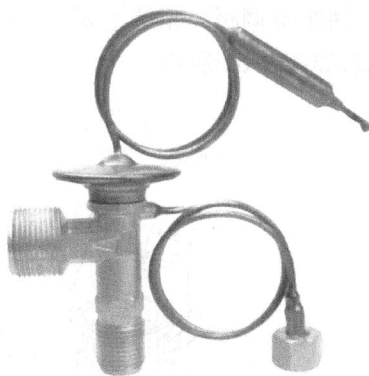

图 4-59 膨胀阀

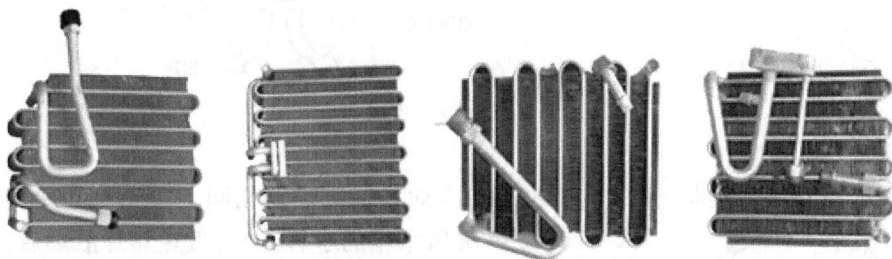

图 4-60 蒸发器

6）空调管路

空调管路根据功能的不同，可以分为吸气管、排气管和液态管，如图 4-61 所示。

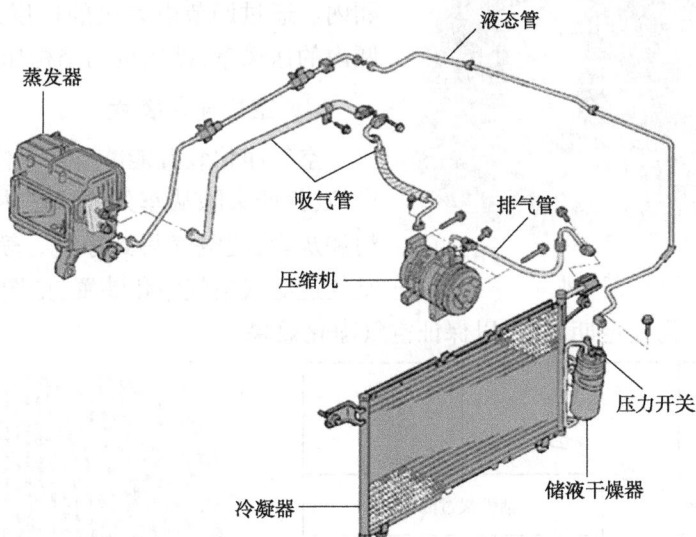

图 4-61 空调管路

2 空调暖风系统

汽车的暖风系统可以将车内的空气或从车外吸入车内的空气加热，从而提高车内的温度。

轿车空调暖风系统主要采用热水取暖式,一般由暖风水箱、鼓风机、控制开关及管路组成,如图 4-62 所示。

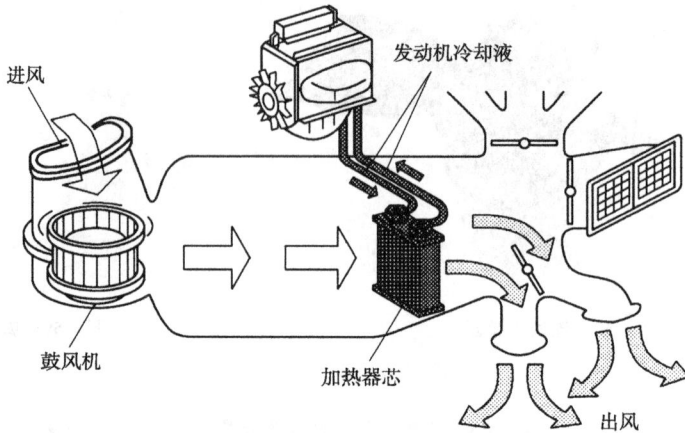

图 4-62　热水取暖系统

1)暖风水箱

暖风水箱是热交换器,其结构和功能与冷却系统散热器相同。发动机的冷却液进入暖风水箱的水管,通过散热器片散热后,再返回发动机的冷却系统。

2)鼓风机

鼓风机将空气吹过暖风水箱加热后送入车厢内。通过调节电动机的速度,可以调节向车厢内的送风量,鼓风机的结构如图 4-63 所示。

3 空气净化装置

空气净化装置能够清除车内空气中的异味微粒,并能去除从车外吸入车内的空气中的花粉和灰尘,使空气得到净化。轿车上主要采用空气过滤式空气净化装置,如图 4-64 所示。空调滤芯(图 4-65)需要定期更换,以保证空气净化效果。

图 4-63　鼓风机

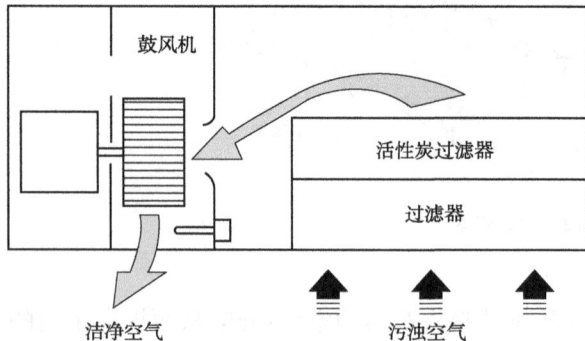

图 4-64　空气净化装置

图 4-65　空调滤芯

④ 空调调节系统

空调调节系统有手动调节和自动调节之分,其调节控制面板如图 4-66 所示。

a)手动空调

b)自动空调

图 4-66　空调的调节控制面板

六　仪表、车用线束、电气保护装置及继电器

① 仪表

仪表安装于驾驶室内,便于驾驶人随时了解汽车各部的运行状况,保证安全驾驶。目前广泛使用带行车电脑显示的组合仪表,如图 4-67 所示。

② 汽车用导线

按承受电压的高低分类:高压导线和低压导线。根据用电设备的负载电流大小选择导线的截面积。

图 4-67　组合仪表

③ 汽车线束及插接器

1)线束

为使全车线路规整、安装方便及保护导线的绝缘,汽车上的全车线路除高压线、蓄电池电缆和起动机电缆外,一般将同区域的不同规格的导线用棉纱或薄聚氯乙烯带缠绕包扎成束,称为线束,如图 4-68 所示。

同一种车型的线束在制造厂里按车型设计制造好后,用卡簧或绊钉固定在车上的既定位置,其抽头恰好在各电气设备接线柱附近位置,安装时按线号装在其对应的接线柱上。各种车型的线束各不相同,同一车型线束分发动机线束(图 4-69)、底盘线束(图 4-70)和车身线束(图 4-71)等多个线束。

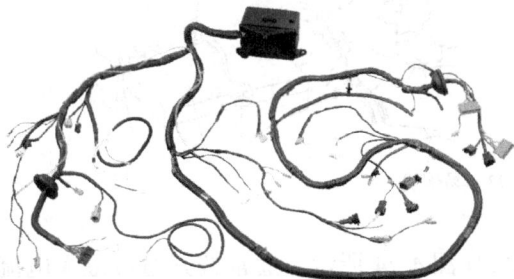

图 4-68　汽车线束

图 4-69　发动机线束

图 4-70　底盘线束

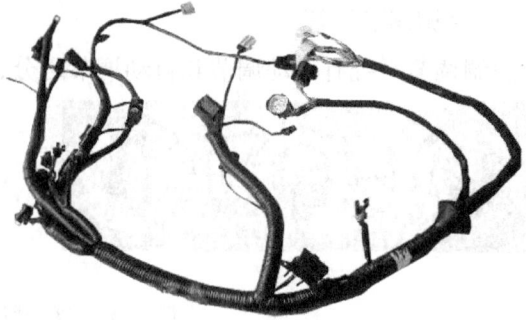

图 4-71　车身线束

2）插接器

插接器又叫连接器，现代汽车上使用很普遍。为防止在汽车行驶过程中脱开，均采用闭锁装置，如图 4-72 所示。

图 4-72　插接器

④ **电气保护装置**

当电路中流过超过规定的过大电流时，汽车电路保护装置能够切断电路，从而防止烧坏电路连接导线和用电设备，并把故障限制在最小范围内。汽车上的保护装置主要有：熔断器、易熔线和断路器。

1）易熔线

易熔线是一种大容量的熔断器，用于保护电源电路和大电流电路，如图 4-73 所示。绝对不允许用普通导线替代或换用比规定容量大的易熔线。

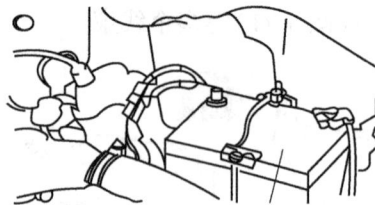

图 4-73　易熔线

2）熔断器

汽车上使用的熔断器（保险）种类很多，如图 4-74 所示。通常按其通过最大电流分为 5A、10A、15A 等并以颜色加以区分。汽车上通常将大部分熔断器集中安装在一起，以方便检修和更换,如图 4-75 所示。

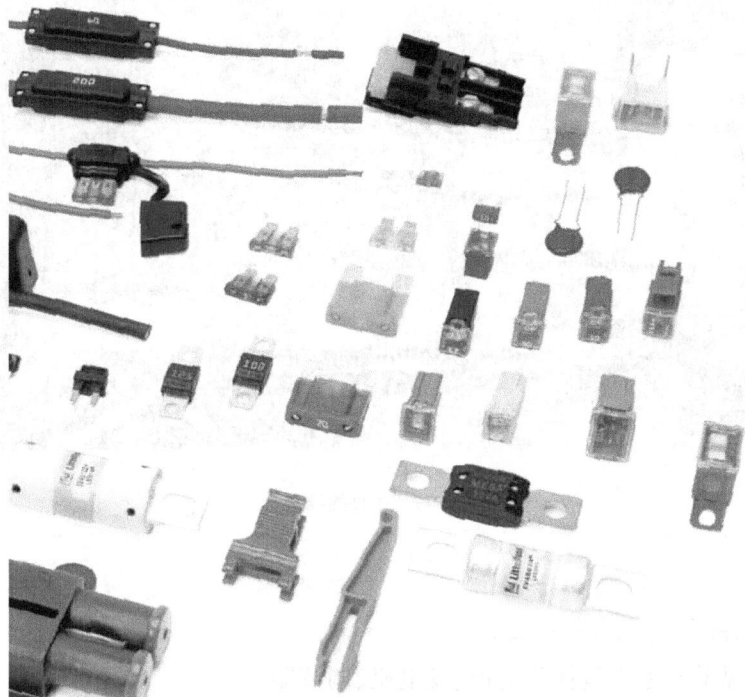

图 4-74　各种规格的熔断器

5　继电器

继电器可以实现自动接通或切断一对或多对触点,完成用小电流控制大电流,可以减小控制开关的电流负荷,保护电路中的控制开关。继电器分为常开继电器、常闭继电器和常开、常闭混合型继电器,如图 4-76 所示。

图 4-75　熔断器盒

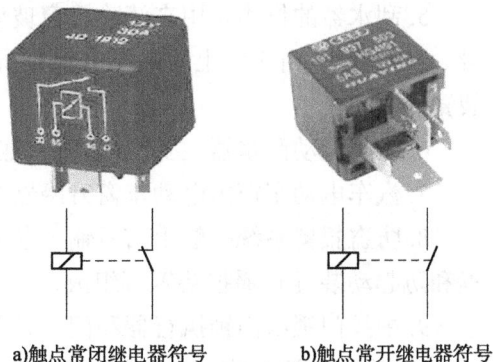

a)触点常闭继电器符号　　　　b)触点常开继电器符号

图 4-76　继电器

汽车上使用的继电器很多,如油泵继电器、空调继电器、喇叭继电器、雾灯继电器、照明灯继电器、风窗刮水器/洗涤器继电器、危险报警与转向闪光继电器等,继电器通常集中安装于中央接线盒内,如图 4-77 所示。

图 4-77　中央接线盒

单元小结

1. 汽车电源系统主要包括蓄电池、发电机、调节器。

2. 汽车照明系统包括前照灯、示廓灯、日间行车灯、雾灯、牌照灯、顶灯、仪表灯、转向灯、制动灯、倒车灯等。

3. 汽车上多用组合前照灯,即将前照灯、示廓灯、前转向灯组合在一起。氙气前照灯系统由小型石英灯泡、变压器和电子单元组成。

4. 汽车信号装置主要包括喇叭信号装置、转向信号装置、制动信号装置和倒车信号装置等。

5. 刮水器的作用是用来清除风窗玻璃上的雨水、雪或尘土,以确保驾驶人有良好的视野。在行驶中,由于泥土的飞溅或其他原因污染风窗玻璃,所以风窗刮水器还设有洗涤装置。

6. 汽车电动刮水器主要由电动机、连杆及摆臂和刮水片等组成。

7. 汽车电动车窗由电动车窗升降器和车窗开关组成。

8. 防盗报警系统一般由信号输入装置(开关、传感器)、防盗 ECU、执行机构(报警装置和防起动装置)、遥控装置等组成。

9. 中控门锁由门锁执行器和门锁开关组成。

10. 汽车空调系统一般由制冷系统、采暖系统、通风装置、加湿装置、空气净化装置和控制装置等组成。

11. 汽车空调制冷系统由压缩机、冷凝器、储液干燥器、膨胀阀、蒸发器、风机及制冷管道等组成。

12. 汽车暖风系统一般由暖风水箱、鼓风机、控制开关及管路组成。

思考与练习

1. 汽车电气设备中用电设备主要有哪些？

2. 汽车电源系统主要配件有哪些？

3. 简述汽车照明系统的基本组成。

4. 简述汽车信号装置的作用及其组成。

5. 常见的汽车辅助电器有哪些？

6. 简述刮水器和洗涤器的组成。

7. 简述电动车窗的组成。

8. 电动天窗的主要部件有哪些？

9. 常见的车载娱乐系统及导航有哪些？

10. 简述汽车空调系统的组成。

单元五　汽车车身及附件配件

学习目标

1. 车身修复个人安全防护用品;
2. 了解汽车车身维修工具;
3. 识别汽车车身配件并了解其功能。

建议课时

8 课时。

一 车身修复个人安全防护用品

进行车身修复过程中,需要用到手动、气动、电动工具,这些工具如果使用不当会对身体造成伤害,在修复过程中,有很多粉尘、铁屑、挥发物等,这些有害物会对身体造成损伤,在研磨钣金件的时候,噪声也会伤害自己的身体。要防止维修过程中各种有害物对自己的伤害,那么就要佩戴个人安全防护用品,包括工作帽、防护眼镜、防尘口罩、耳塞、工作服、棉纱手套等。

1 工作帽

蓬松的长发和悬挂的饰物很容易被运动的机器挂住引发事故。如果头发很长,工作时就应该将其扎在脑后,或者塞到帽子里(图 5-1)。

2 防护眼镜

当工作环境存在损伤眼睛的风险时,就要戴上防护眼镜(图 5-2),防护眼镜的镜片要用安全玻璃制成,还要对眼部侧面进行防护。普通眼镜不能作为防护眼镜使用。佩带防护眼镜,可以防止金属颗粒进入眼睛。

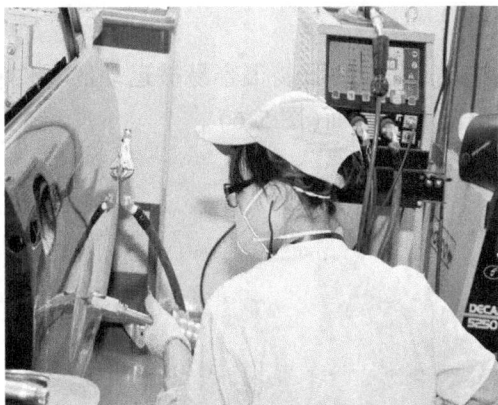

图 5-1　工作帽

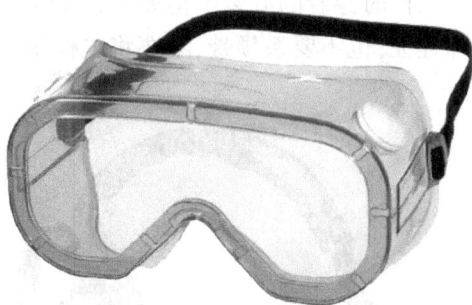

图 5-2　防护眼镜

❸ 呼吸面罩

汽车维修经常在有毒化学气体环境中进行。不论是暴露在有毒气体中还是过量尘埃中,都要戴上呼吸器或呼吸面罩(图 5-3)。

❹ 焊接面罩

焊接面罩材料为防火 PP,视窗尺寸为 90mm × 40mm,灵敏度和恢复时间可调节(图 5-4)。响应速度为 1/20000 ~ 1/30000s(明态到暗态),恢复时间为 0.1 ~ 1s(暗态到明态)。采用不同焊接方式的遮光号,选用标准遮光号,亮态时为 DIN4,暗态时为 DIN9 ~ 13(可调遮光号,适应不用环境条件中作业)。

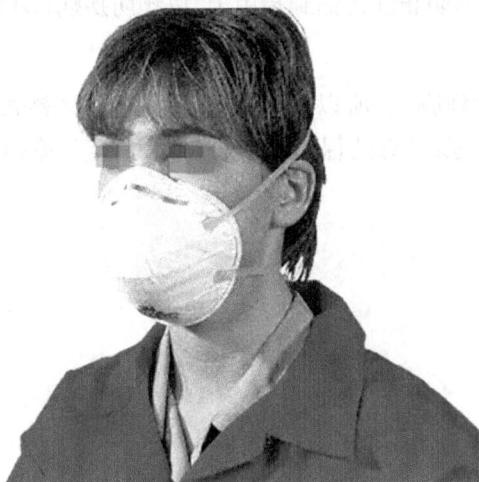

图 5-3　呼吸面罩

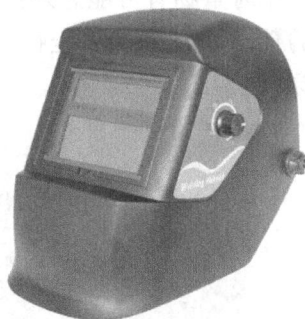

图 5-4　焊接面罩

❺ 耳罩

在噪声级很高的场合停留时间过长,会导致听力丧失。在经常有噪声的环境里,应该戴上耳罩或耳塞(图 5-5)。

6 工作服

工作时穿着的服装不但要合适舒适,还要结实。宽松的服装很容易被运动的零件和机器挂住,也不要系领带,不要将工作服套在自己的衣服外面(图5-6)。

图5-5　耳罩

图5-6　工作服

7 手套

维修人员常常忽视对手的保护,戴手套不仅可以保护手,避免损伤手,防止通过手染上疾病,也可以使手保持干净。有多种不同的手套可以供选戴,进行磨削、焊接作业或拿高温物件时,应该戴上厚手套。在处理强腐蚀性或危险性化学物品时,应该戴上聚亚安酯或维尼龙手套,戴上乳胶手套和丁腈橡胶手套可以防止油污沾到指甲上,以预防疾病(图5-7)。

8 安全鞋

维修汽车时重物有可能意外掉落砸到脚上,所以要穿用皮革或类似材料做成的并具有防滑底的鞋或靴子,铁头安全鞋可以增强对脚的保护,运动鞋、休闲鞋和凉拖鞋都不适合在车间穿(图5-8)。

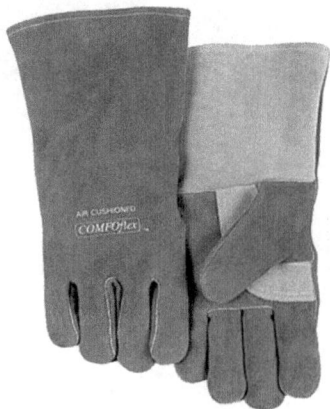

图5-7　手套

图5-8　安全鞋

二 车身维修手动工具

1 钣金锤

车身维修中使用多种规格和样式的钣金锤,如图 5-9 所示。每一种规格的钣金锤都有其专门的用途,一般是用来校正和粗加工、精加工和用做特殊用途的。

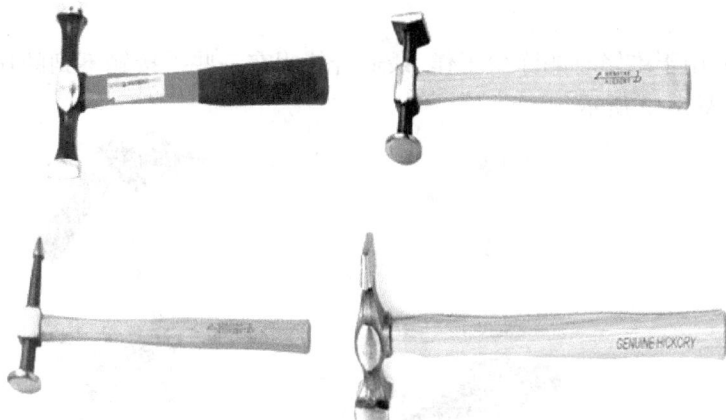

图 5-9 各种钣金锤

钣金锤敲击是用来校正已经撞伤的部位,使其重新复位、变光滑,用眼观察或用手触摸应接近原来的形状和轮廓。钣金锤的质量对板件变形校正成功与否非常关键。

2 顶铁

顶铁主要用于板件变形的粗加工和锤击加工,用手握持贴在车身板的背面,当从板件正面用钣金锤敲击时,顶铁会产生一个反弹力。通过钣金锤和顶铁的配合使板件凸起的部位下降,使凹陷的部位隆起,从而使变形的板件得到修复,如图 5-10 所示。

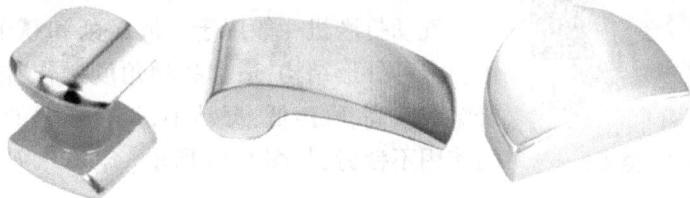

图 5-10 各种顶铁

3 车身锉刀

车身锉刀是用来修整钣金锤、顶铁等钣金工具作业留下来的凹凸不平痕迹的钣金专用工具,如图 5-11 所示。

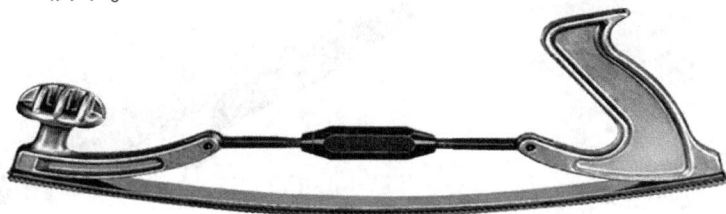

图 5-11 车身锉刀

三　车身维修气动工具

在汽车维修过程中,常用的气动工具有吹尘枪、气动圆盘除漆除锈机、气动打磨机、砂带机、气动切割锯等。气动工具与电动工具相比有以下优点:灵活、质量轻、安全,在车身修复车间,气动工具可降低火灾发生率,操作和维护成本低。

❶ 吹尘枪

吹尘枪主要用于维修时的除尘工作,最适合使用在一些手接触不到的比较狭窄、高处的清洁工作,如图 5-12 所示。

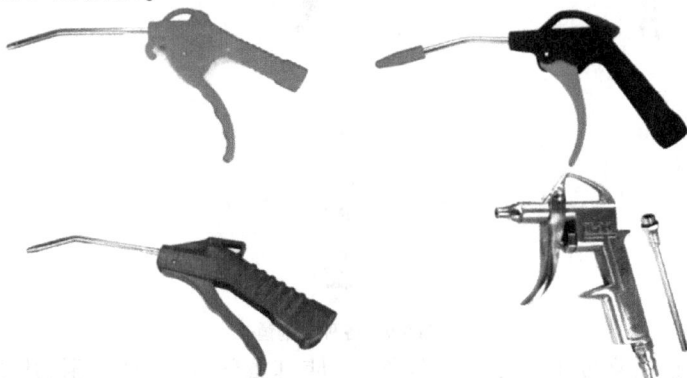

图 5-12　吹尘枪

❷ 气动除漆除锈机

气动圆盘除漆除锈机适用于去除车身板件上的旧漆、铁锈等,不伤板件表面镀锌层。配 4 寸黑金刚或砂碟,如图 5-13 所示。

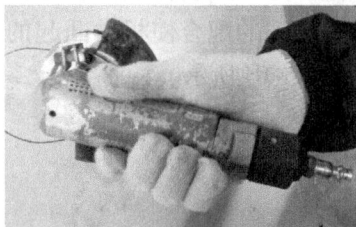

图 5-13　气动除漆除锈机

❸ 气动打磨机

气动打磨机一般用于金属磨削和腻子层的打磨等工作。多种外形结构,适合各种角度操作,体积小,转速高,研磨效率高,噪声低,振动小,具有强力的吸尘效果,长时间使用不疲劳,如图 5-14 所示。

❹ 气动砂带机

气动砂带机主要用于狭小复杂、难进入部位的研磨,适合小角度、死角处研磨。优点是有较大的磨削能力,速度快、操作方便,可完美解决狭小不易研磨面的打磨,操作容易,如图 5-15 所示。

图 5-14　气动打磨机　　　　图 5-15　气动砂带机

四 车身维修电动工具

1 多功能钣金修复机

多功能钣金修复机是利用垫圈熔焊焊机,扣动扳机后瞬间在焊片和板件间通以大电流,将各种不同类型的焊片焊接在钢板的凹陷部位,然后利用整形架和滑锤将凹陷拉出,如图 5-16 所示。

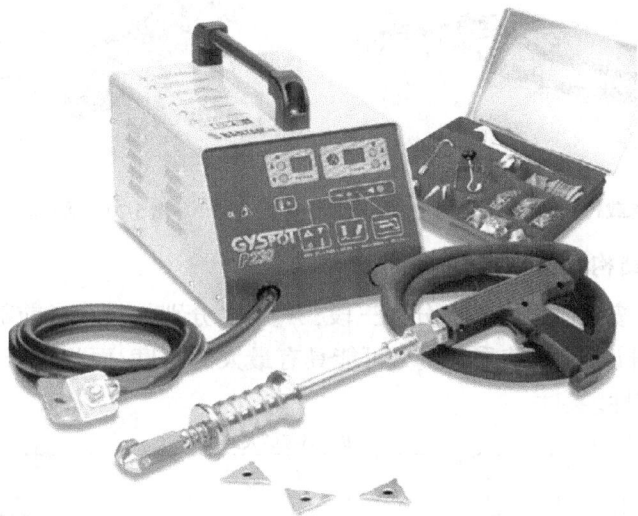

图 5-16 多功能钣金修复机

2 整形架

整形架是用来快速拉校车身板件凹陷的工具,特别是整形车身棱线,是非常快捷的修复工具,配合外形修复机使用,如图 5-17 所示。整形架分为单脚可调快速整型架、双脚可调快速整型架和四脚可调快速整型架。

3 车身校正仪

车身校正仪用以完成车身测量校正、车身焊接、车身装配调整作业,如图 5-18 所示。

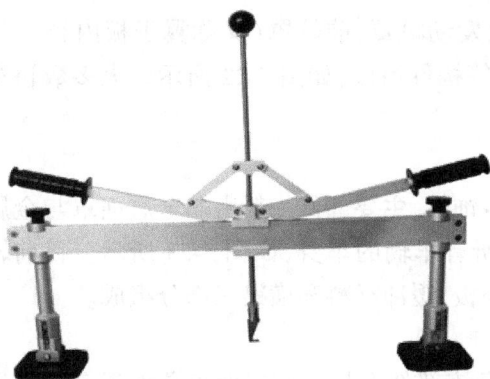

图 5-17 整形架

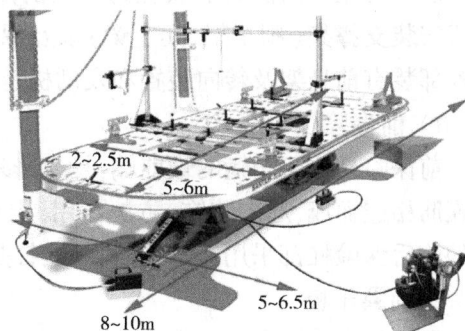

图 5-18 车身校正仪

五 汽车车身配件

车身结构按受力情况可分为:非承载式车身(图5-19)和承载式车身(图5-20)。

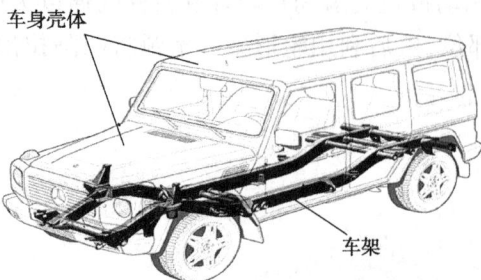

图5-19 非承载式车身结构示意图

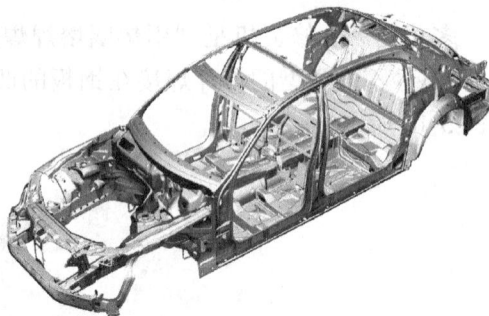

图5-20 承载式车身结构

❶ 轿车车身结构

轿车车身通常按壳体强度等级分为三段,A、B、C分别代表车身前部、中部及后部,如图5-21所示。车身设计时,使乘客室尽可能具有最大的刚度,而相对于乘客室的前、后室则应具有较大的韧性。

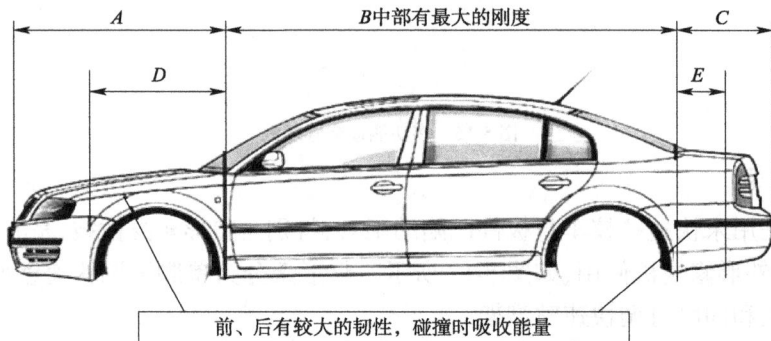

图5-21 车身壳体的分段

❷ 前车身

前车身主要由前翼子板、前纵梁、前围板及发动机罩、前轮罩(又称翼子板内补)、发动机安装支撑架(副车架、元宝梁)以及保险杠等构件组成,如图5-22所示。大多数轿车的前部装有前悬架及转向装置和发动机总成。

1)前保险杠

前保险杠位于车辆的最前端,是车身外部装饰体,主要部件一般由非金属面罩与金属加强筋相连而成,起到装饰、防护作用,应用于所有车辆的车身,如图5-23所示。目前轿车的前后保险杠都采用塑料,塑料保险杠是由外板、缓冲材料和横梁三部分组成。

2)前翼子板

翼子板是遮盖车轮的车身外板,因旧式车身该部件形状及位置似鸟翼而得名。普通轿车的前翼子板主要由前翼子板外板、前翼子板内板、翼子板衬板及翼子板防擦装饰条等组成,部分轿车还装有翼子板轮口装饰条。前翼子板位于汽车发动机罩侧下部,前轮上部,如图 5-24 所示。

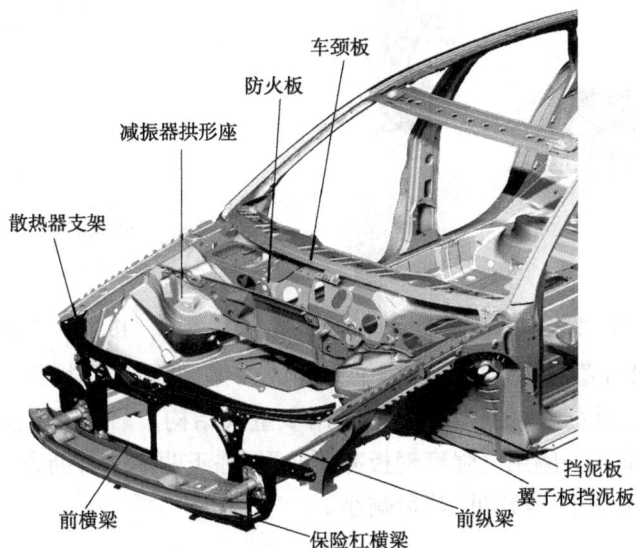

车颈板
防火板
减振器拱形座
散热器支架
挡泥板
翼子板挡泥板
前横梁
前纵梁
保险杠横梁

图 5-22　前车身构件

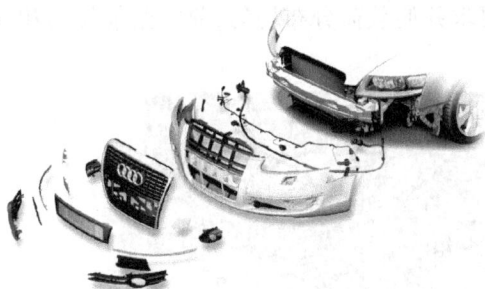

图 5-23　前保险杠

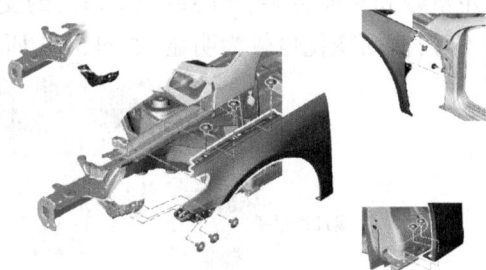

图 5-24　前翼子板

翼子板是重要车身装饰件,主要部件一般采用薄钢板冲压制造,作用是在汽车行驶过程中,防止被车轮卷起的砂石、泥浆溅到车厢的底部。前翼子板碰撞机会较多,独立装配容易整件更换。有些汽车的前翼子板用有一定弹性的塑性材料(例如塑料)制成。

3)发动机罩

发动机罩又称引擎盖位于车辆前上部,是发动机舱的维护盖板,如图 5-25 所示。轿车的发动机罩总成主要由发动机罩、发动机罩隔热垫、发动机罩铰链、发动机罩支撑杆、发动机罩锁、发动机罩锁开启拉索、发动机罩密封条等零件所组成。发动机罩多用高强度钢板冲压成网状骨架和蒙皮组焊而成,多数轿车还在夹层之间使用点焊胶,使之确保刚度并形成良好的消声胶层。

4)前围板

前围板是指发动机舱与车厢之间的主要隔离构件,它和地板、前立柱连接,安装在前围上盖板之下,如图 5-26 所示。前围板上有许多孔口,作为操纵用的拉线、拉杆、管路和导线束通过之用,还要配合踏板、转向柱等机件安装位置。

图 5-25　发动机罩

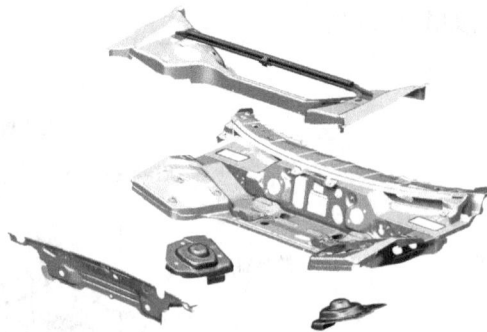

图 5-26　前围板

前围板的两端与壳体前立柱和前纵梁组焊成一体,使整体刚性更好。由于前车身的后部构造还起横向加固壳体的作用,一般采用双重式结构。靠近发动机舱一侧主要起辅助加强作用,靠近乘客一侧用高强度钢板冲压成形,并于两侧涂有沥青、毛毡、胶棉等绝缘材料,以求乘客室振动小、噪声低、热影响小。

5)前纵梁

前纵梁是前车身的主要强度件,直接焊接在车身下部。其上再焊接轮罩等构件,为了满足承载和对前悬架、转向系统支撑力的受力要求并使载荷分布均匀,前纵梁前细后粗截面不等,截面变化也较为明显,如图 5-27 所示。

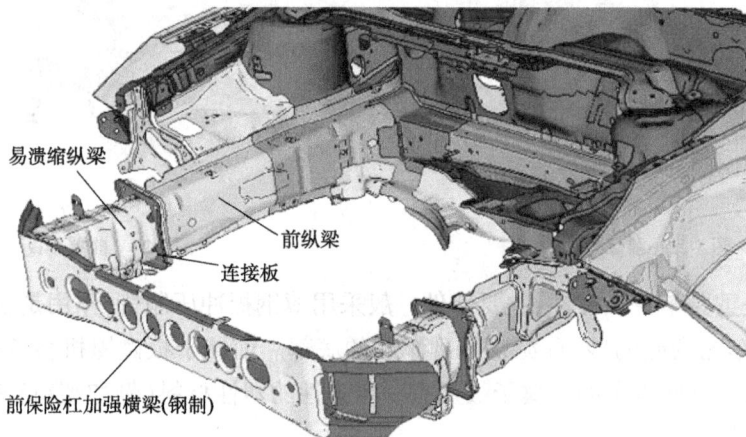

易溃缩纵梁

前纵梁

连接板

前保险杠加强横梁(钢制)

图 5-27　前纵梁

③ 中间车身

中间车身设有车门、侧体门框、门槛及沿周采用高强度钢制成的抗弯曲能力较高的箱型断面,中间车身侧体框架的中立柱、边框、车顶边梁、侧体下边梁等结构件也采用封闭型断面结构。车顶、车底和立柱等构件,均以焊接方式组合在一起。立柱、门槛板、车顶纵梁、车顶板和地板等共同构成乘客室,如图 5-28 所示。

1)立柱和门槛板

立柱是构成车身侧框架的钣金结构件,是车身非常重要的支撑件,用来固定车门、支撑顶篷、固附车身蒙皮等,如图 5-29 所示。一般下部制作得粗大,上部的截面尺寸需要考虑驾驶视野而缩小。立柱包括前立柱(A 柱)、中立柱(B 柱)与后立柱(C 柱)三种。

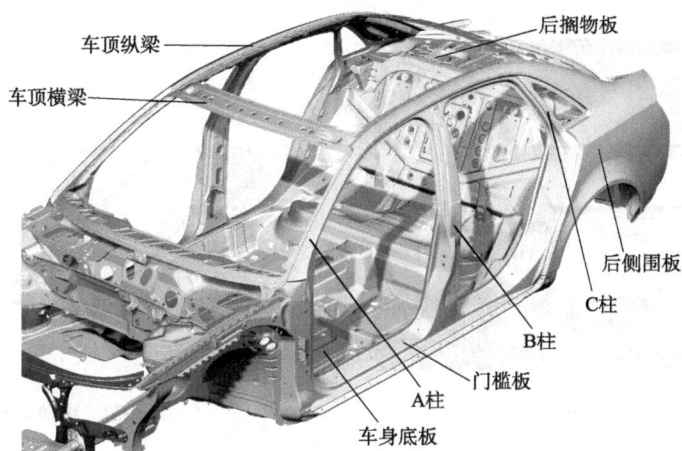

图 5-28 中间车身结构

2)地板

地板是车辆用来承载乘客、货物的基础件,是车身非常重要的钣金件,车辆几乎所有的组件都直接或间接安装在地板上,座椅直接安装在地板上,仪表台通过仪表台框架安装在地板上,如图 5-30 所示。

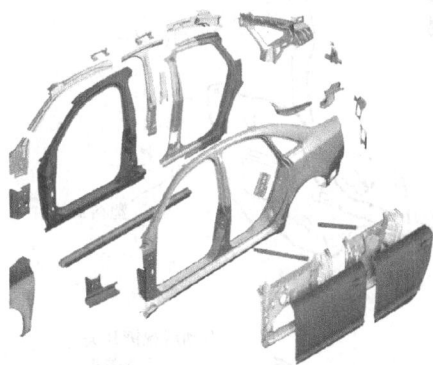

图 5-29 车身侧框组成

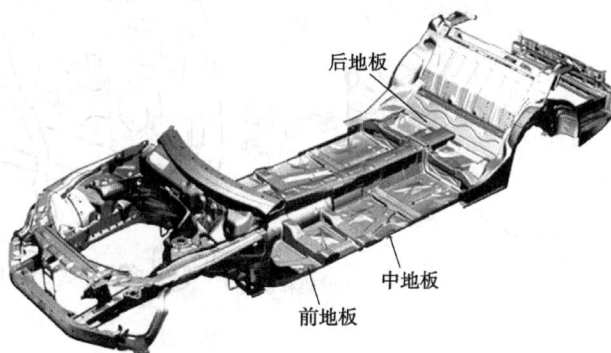

图 5-30 地板

3)车顶

车顶是指车身车厢顶部的盖板,其上可能装备有天窗、换气窗或天线等。车顶主要由车顶板、车顶内衬、横梁(可能由前横梁、后横梁、加强肋等组成),有的车型还备有车顶行李架,如图 5-31 所示。电动式天窗一般由天窗框架、天窗玻璃、天窗遮阳板、天窗导轨、驱动电动机等零件组成,如图 5-32 所示。

4)车门

车门是乘员上下的通道,如图 5-33 所示,轿车门由门外板、门内板、门窗框、门玻璃导槽、门铰链、门锁及门窗附件等组成。内板装有玻璃升降器、门锁等附件,为了装配牢固,内板局部还要加强。为了增强安全性，外板内侧一般安装了防撞杆。内板与外板通过翻边、黏合、滚焊等方式结合，针对承受力不同，要求外板质量轻而内板刚性要强，能够承受较大的冲击力。

图 5-31　车顶

图 5-32　电动式天窗

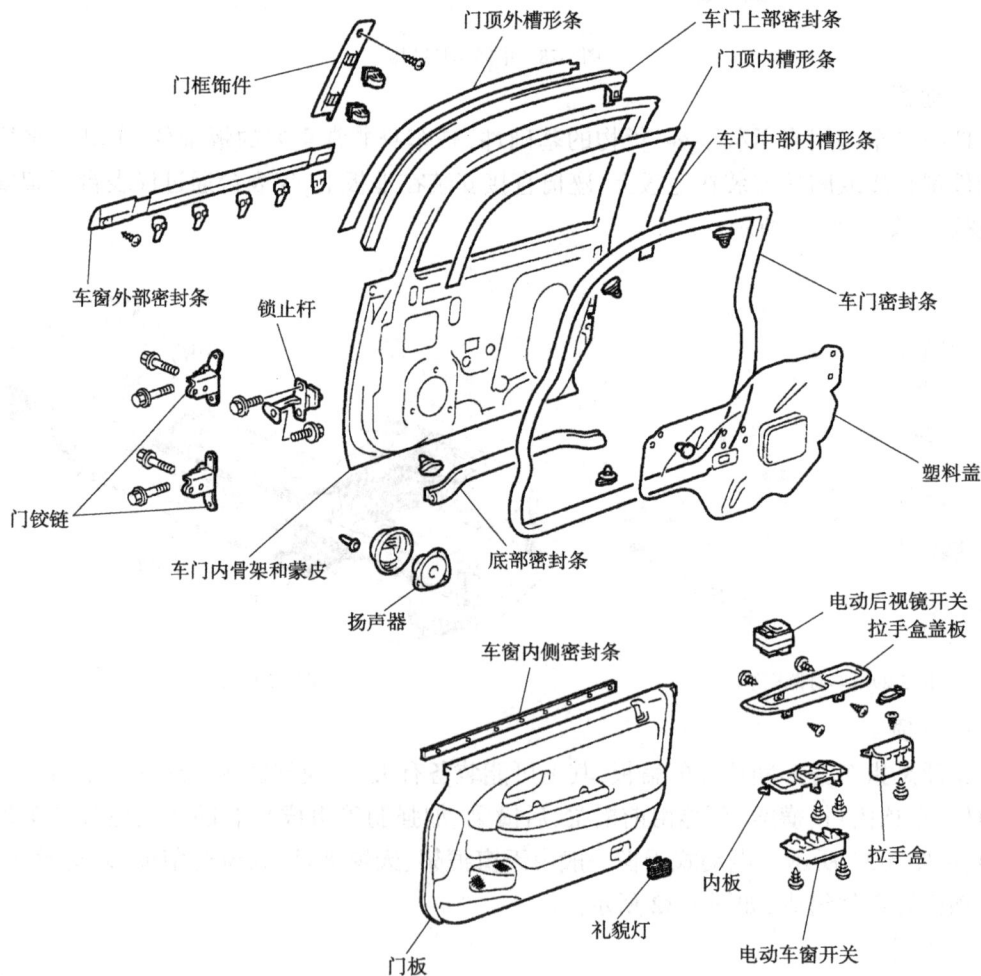

图 5-33　车门组成

❹ 后车身

轿车后车身是用于放置物品的部分,可以说是中间车身侧体的延长部分。三厢式车的乘客室与行李舱是分开的,而两厢车的行李舱则与乘客室合二为一,如图 5-34 所示。

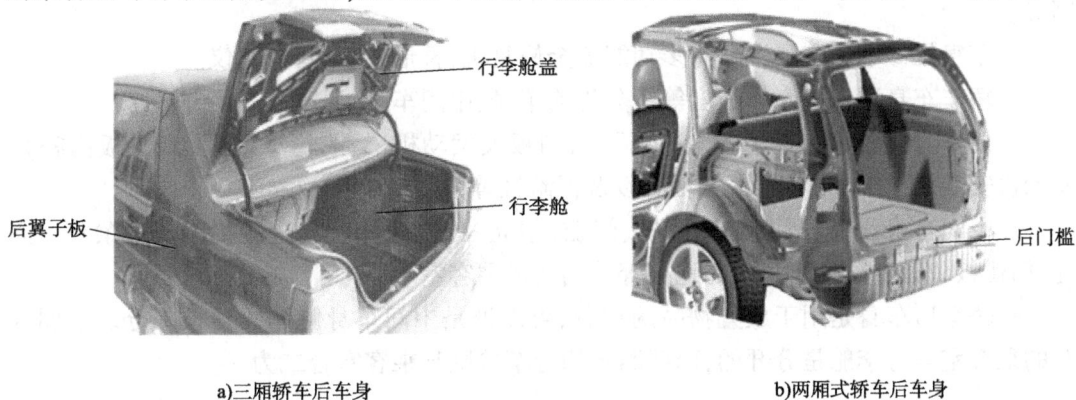

a)三厢轿车后车身　　　　　　　　　　　　　b)两厢式轿车后车身

图 5-34　轿车后车身

1)行李舱和行李舱盖

行李舱是装载物品的空间,是由行李舱组件与车身地板钣金件构成,如图 5-35 所示。行李舱基本位于轿车车身的后部。

行李舱盖要求有良好的刚性,结构上基本与发动机罩相同,也有外板和内板,内板有加强筋。

2)后侧板和后保险杠

后侧板是指后门框以后的遮盖后车轮及后侧车身的车身钣金件;后保险杠是指位于车辆车身的尾部,起到装饰、防护车辆后部零件的作用,如图 5-36 所示。

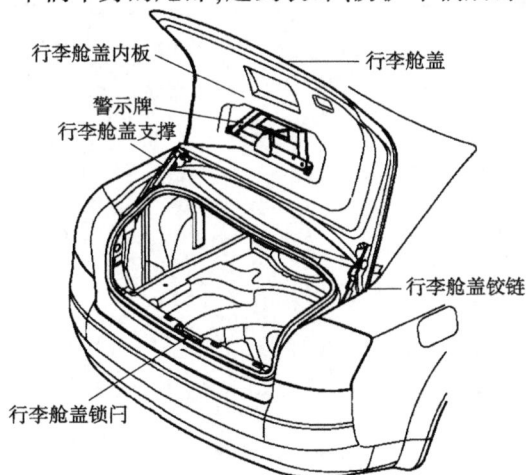

图 5-35　行李舱和行李舱盖

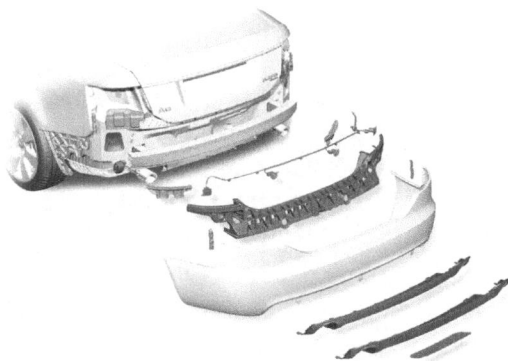

图 5-36　后侧板和后保险杠

单元小结

1. 车身修复个人安全防护用品包括工作帽、防护眼镜、防尘口罩、耳塞、工作服、棉纱手套等。

2.车身维修手动工具有钣金锤、顶铁、车身锉刀等。

3.常用的气动工具有吹尘枪、气动圆盘除漆除锈机、气动打磨机、砂带机、气动切割锯等。

4.车身维修电动工具主要有多功能钣金修复机、整形架、车身校正仪。

5.轿车车身通常按壳体强度等级分为前车身、中间车身、后车身三段。

6.前车身主要由前翼子板、前纵梁、前围板及发动机罩、前轮罩(又称翼子板内补)、发动机安装支撑架(副车架、元宝梁)以及保险杠等构件组成。

7.中间车身设有车门、侧体门框、门槛、中立柱、边框、车顶边梁、侧体下边梁等。立柱、门槛板、车顶纵梁、车顶板和地板等共同构成乘客室。

8.轿车后车身是用于放置物品的部分,可以说是中间车身侧体的延长部分。三厢式车的乘客室与行李舱是分开的,而两厢车的行李舱则与乘客室合二为一。

思考与练习

1.车身修复个人安全防护用品包括哪些?

2.车身维修手动工具有哪些?

3.常用的气动工具有哪些?

4.常用的电动工具有哪些?

5.简述汽车前车身的主要组成。

6.简述汽车中间车身的主要组成及其作用。

7.简述汽车后车身的主要组成及其作用。

单元六　汽车常见易损件和常用材料

学习目标

1. 了解常用易损件及其功能；
2. 了解汽车运行材料及其更换要求。

建议课时

6课时。

一　汽车常见易损件

1　机油滤清器

机油滤清器为车辆的易损件,安装在发动机润滑系统中,用于过滤和清洁发动机润滑油,如图6-1所示。

发动机工作过程中,金属磨屑、尘土、高温下被氧化的积炭和胶状沉淀物、水等不断混入润滑油。机油滤清器的作用就是滤掉这些机械杂质和胶质,保持润滑油的清洁,延长其使用期限。

建议每行驶5000km更换机油时同时更换机油滤清器,滤清器规格应严格遵循维修手册的要求。

2　空气滤清器

空气滤清器安装在进气管的前方,起到滤除空气中灰尘、砂粒的作用,保证汽缸中进入足量、清洁的空气。空气滤清器能清除

图6-1　机油滤清器

空气中的微粒杂质,避免吸入空气中含有灰尘等杂质加剧发动机活塞组及汽缸的磨损,如图 6-2 所示。

图 6-2　空气滤清器

空气滤清器对汽车(特别是发动机)的使用寿命有极大的影响。一方面,如果没有空气滤清器的过滤作用,发动机就会吸入大量含有尘埃、颗粒的空气,导致发动机汽缸磨损严重;另一方面,如果在使用过程中,长时间不维护或更换空气滤清器,空气滤清器的滤芯就会粘满空气中的灰尘,导致过滤能力下降,妨碍空气的流通,导致混合气过浓,从而使发动机工作不正常。因此,按期维护空气滤清器是至关重要的。不同车型的空气滤清器更换里程有所不同,一般建议每两次更换机油后,更换一次空气滤清器。

❸ 燃油滤清器

燃油滤清器安装于发动机燃油供给系统中,用以过滤燃油中的杂质,防止杂质进入油道,磨损或堵塞喷油器,如图 6-3 所示。燃油滤清器分为外置式和内置式,外置式燃油滤清器在油箱外部多安装在车辆底盘后部。内置式与燃油泵一起安装在燃油箱内。燃油滤清器脏污堵塞将影响发动机燃油供给和喷油质量,导致发动机工作不正常。燃油滤清器根据油品质量,建议每行驶 4 万 km 更换一次。

❹ 空调滤清器

汽车空调滤清器是用于汽车厢内空气净化的过滤器,如图 6-4 所示。过滤从外界进入车厢内部的空气,使空气的洁净度提高,一般的过滤物质是指空气中所包含的杂质、微小颗粒物、花粉、细菌、工业废气和灰尘等,给车内乘用人员良好的空气环境,保护车内人员的身体健康。空调滤清器根据使用情况和道路情况,建议每行驶 1.5 万 km 更换一次。

图 6-3　燃油滤清器

图 6-4　空调滤清器

机油滤清器、燃油(汽油、柴油)滤清器、空气滤清器、空调滤清器都属于滤清器,其主要性能指标有阻力、过滤效率、容污量。

⑤ 附件驱动皮带

附件驱动皮带多为多楔带(蛇形皮带),也有采用 V 形带。附件驱动皮带帮助发电机、水泵、空调压缩机等附件从发动机曲轴带轮获得动力,如图 6-5 所示。驱动皮带为橡胶件,随着使用时间的增加会逐渐出现老化、龟裂等损伤,需要及时更换。建议每行驶 5 万 km 更换驱动皮带,并视情况同时更换皮带张紧轮。

⑥ 正时皮带

正时皮带把曲轴正时齿轮的旋转力传递到凸轮轴正时齿轮,以驱动凸轮轴旋转,如图 6-6 所示。正时皮带使用一定里程之后会出现老化、裂纹、拉长、脱齿等损坏现象,需要更换新的正时皮带。正时皮带的更换周期需要参考具体车型的维修手册,按照维修手册的技术要求进行更换。一般为行驶 4 万 ~6 万 km 更换一次。

图 6-5 附件驱动皮带   图 6-6 正时皮带

⑦ 火花塞

火花塞的作用是将压缩后的可燃混合气点燃,如图 6-7 所示。其工作条件非常恶劣,若点火失败会导致发动机工作异常。

图 6-7 火花塞

火花塞的更换周期与发动机的技术形式(是否带涡轮增压)、电极材料有关。建议客户每行驶 1 万 ~1.5 万 km 检查火花塞一次。若有异常情况,建议客户更换火花塞并检查相关系统。

在更换火花塞时,考虑原厂热值是非常重要的。发动机的压缩比、燃烧室的形状设计等因素是固定的,决定了在选用火花塞的热值时有一个明确的范围。一般在原厂热值上下不超过一个等级。

⑧ 刮水片

常见的刮水片分有骨刮水片和无骨刮水片两种,如图6-8所示。主要用来在雨天时刮除风窗玻璃上的雨水以保证驾驶人的视线良好。为了安全,在刮水片已经磨损后,一定要更换新的刮水片而且一定要选择质量优良的刮水片。

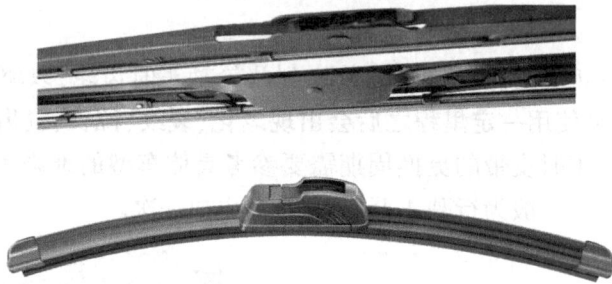

图6-8　刮水片

⑨ 蓄电池

蓄电池的作用是在发电机不工作时,为车载用电网络供电;当发电机工作时,储能,吸收冲击电压等。当发电量不够时,为车载用电器供电,如图6-9所示。

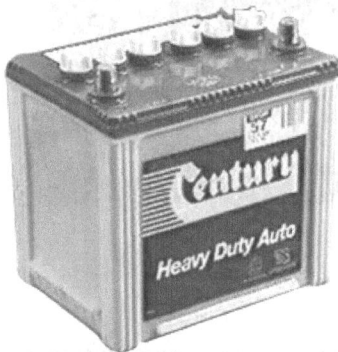 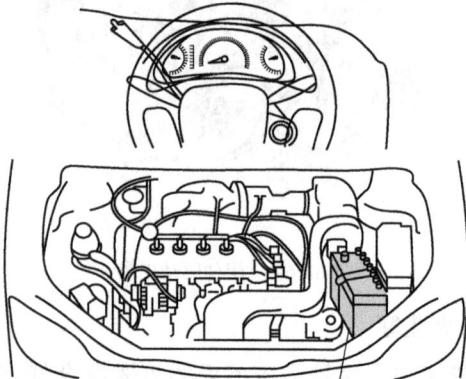

蓄电池

a)蓄电池外观　　　　　　　　　　　　　b)蓄电池在车上的安装位置

图6-9　蓄电池

⑩ 制动块和制动盘

盘式车轮制动器中,制动盘与轮毂固定在一起随着车轮转动,其两侧为摩擦工作表面。制动块安装在制动钳内固定在车架上,车辆制动时制动块受到制动钳活塞的作用力,与制动盘相摩擦起到制动作用,降低车速,如图6-10和图6-11所示。

车辆使用过程中,制动块和制动盘不断地磨损,当磨损到一定程度后将不再能保证车辆制动的效能。车辆维护时要及时检查制动块和制动盘的厚度及其磨损情况,并按照需要及时更换。

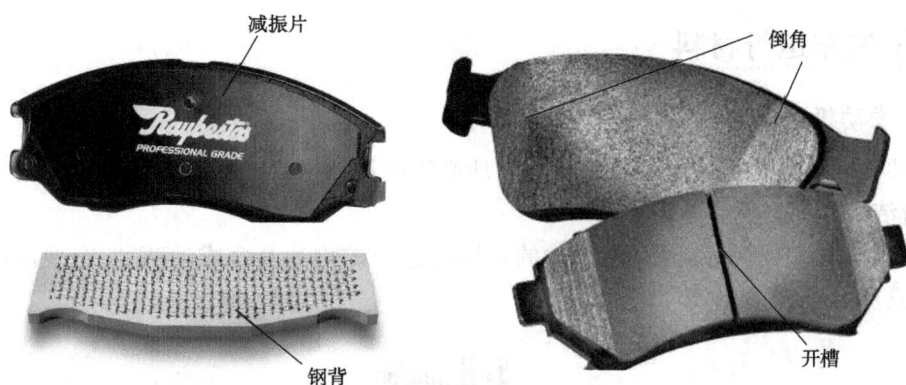

图 6-10　制动块

图 6-11　制动盘

🕚 离合器摩擦片

手动变速器车辆,在变速器与飞轮之间安装有离合器。离合器摩擦片安装于飞轮与离合器压盘中间,与飞轮和压盘摩擦利用摩擦力矩将发动机的动力传递给变速器输入轴。离合器摩擦片在高速旋转中承受压力、扭曲、表面摩擦力、摩擦热等作用,工作环境恶劣,磨损量大,是易损件,如图 6-12 所示。

通常离合器摩擦片的更换周期为 3 万～4 万 km,车辆使用中如避免过载、避免长时间高负荷或高挡低速行驶,有利于减少离合器摩擦片的磨损,延长其使用寿命。

🕛 防尘套

防尘套如图 6-13 所示。

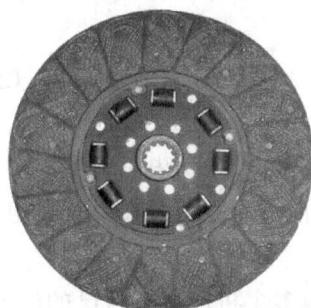

图 6-12　离合器摩擦片　　　　　图 6-13　防尘套

二 汽车运行材料

1 发动机润滑油

发动机润滑油是保证发动机正常运转所必需的运行材料。其主要功能有润滑、冷却、清洗、清洁、密封、防锈。

目前市场上的润滑油因其基础油的不同可分为矿物油及合成油两种,合成油中又分为全合成及半合成,如图6-14所示。

图6-14　各种发动机润滑油

全合成润滑油的等级最高。合成润滑油是由基础油与不同的添加剂配制而成。矿物油和合成油两者最大差别在于:合成油使用的温度更广,使用期限更长;同样的油膜要求,合成油可用较低的黏度就可达成。

1)润滑油的黏度等级

润滑油的黏稠度多使用SAE等级标识,例如SAE15W-40、SAE5W-40,"W"表示winter(冬季),其前面的数字越小说明润滑油的低温流动性越好,代表可供使用的环境温度越低,在冷起动时对发动机的保护能力越好;"W"后面的数字则是润滑油耐高温性的指标,数值越大说明润滑油在高温下的保护性能越好。

2)使用性能等级

润滑油的品质多使用API等级别标识,评价润滑油的抗磨性、清净分散性和抗氧化腐蚀性等。

"S"开头系列代表汽油发动机用油,规格有:SA、SB、SC、SD、SE、SF、SG、SH、SJ、SL、SM、SN。

"C"开头系列代表柴油发动机用油,规格有:CA、CB、CC、CD、CE、CF、CF-2、CF-4、CG-4、CH-4、CI-4。

当"S"和"C"两个字母同时存在,则表示此润滑油为汽/柴通用型。从"＊A"一直到"＊N",每递增一个字母,润滑油的性能都会优于前一种。润滑油中会有更多用来保护发动机的添加剂。字母越靠后,质量等级越高。

润滑油品质除了API这样的权威机构认证,很多主机厂也有自己的认证标准。例如:梅赛德斯—奔驰(MB)229.3/229.1;大众(VW)505.00/502.00;保时捷(Porsche)A40;福特(Ford)WSS-M2C946-A 和 WSS-M2C929-A。

3)发动机润滑油的选择

对于性能等级,品质级别越高对发动机保护越好;但关于 SAE(黏度等级)的选择,则必须要结合自己的驾车风格、所处环境和车辆性能等因素。

全合成润滑油随温度转变而产生的黏度变化很小,因此在高温及严寒情况下,更能维持适当的黏度,给发动机提供适当的保护。在相同的工作环境里,全合成润滑油的使用期限也比矿物油长很多。但是全合成润滑油不一定能用在所有车上,全合成润滑油在高温的工作环境下渗透性极佳,所以老车和低档车不宜使用,老车的缸体由于磨损较大,所以用全合成润滑油有可能会造成渗漏,从而发生烧机油、积炭过多等现象。

2 车辆齿轮油

齿轮油以精制润滑油为基础,通过加入抗氧化剂、防腐蚀剂、防锈剂、消泡剂、抗磨剂等多种添加剂配制而成。齿轮油用于润滑汽车机械变速器、驱动桥齿轮和传动机构,如图 6-15 所示。

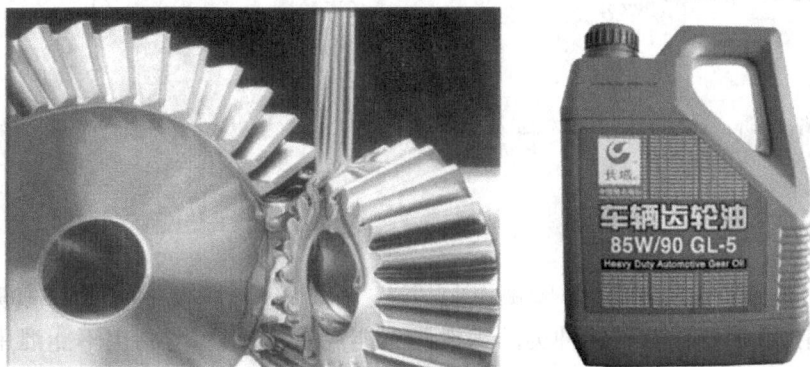

图 6-15 车辆齿轮油

1)齿轮油的规格

目前多采用 SAE 和 API 的分类标准。例如 API GL-4、SAE 80W。GL-4 为齿轮油质量标号,GL-4 指适用于双曲面齿轮传动之润滑。80W 为齿轮油黏度级号,80W 指适用于 −26℃ 以上的温度范围。SAE 车辆齿轮油黏度分含 W 的四种(70W、75W、80W、85W);不含 W 的三种(90、140、250)。API 的使用性能等级分为 GL-1、GL-2、GL-3、GL-4、GL-5、GL-6 共 6 个等级。

我国汽车齿轮油按使用性能分为三类,即普通齿轮油、中负荷车辆齿轮油和重负荷车辆齿轮油,分别相当于 API-GL-3、API-GL-4 和 API-GL-5。

2)齿轮油的选用

根据季节选择齿轮油的标号(黏度级),对照当地冬季最低气温适当选用。标号为 75W、80W、85W 号的齿轮油分别适用于最低气温为 −40℃、−26℃、−12℃ 的地区。

根据齿轮类型和工况选择齿轮油(使用性能级别)。按规定期限更换齿轮油,齿轮油的更换周期参见车辆维修手册,一般为行驶 3 万 ~4.8 万 km。

③ 车用润滑脂

图6-16　钙基润滑脂

润滑脂实际上是稠化了的润滑油,是将稠化剂分散于液体润滑剂中所组成的一种固体或半固体产品。润滑脂主要用于汽车轮毂轴承及底盘各活络关节处的润滑。

钙基润滑脂,抗水性好但耐热性差,工作温度为 -10~60℃,早期钙基润滑脂称作"黄油",如图6-16 所示。

通用锂基润滑脂,工作温度为 -20~120℃ 按稠度分 1 号、2 号、3 号,与钙纳基润滑脂相比,稠化剂量降低约 1/3,使用寿命延长 1 倍,如图6-17 所示。

二硫化钼极压锂基润滑脂,耐热性好、抗水性、防锈性好,极压性能好,最高工作温度为 -20~120℃,最高使用极限甚至达到150℃,适用于负荷较高或有冲击负荷的部件,如图6-18 所示。

图6-17　通用锂基润滑脂

图6-18　二硫化钼极压锂基润滑脂

使用润滑脂时应注意不同种类的润滑脂不能混用,新旧润滑脂也不能混用。推荐使用锂基润滑脂。

④ 汽车制动液

制动液用于液压制动系统和液压离合器操纵系统的能量传递,制动液的品质直接关系着行车安全。为了保证汽车行驶安全,汽车制动液必须具有适当的黏度、气阻温度、氧化安定性及橡胶溶胀性等,如图6-19 所示。

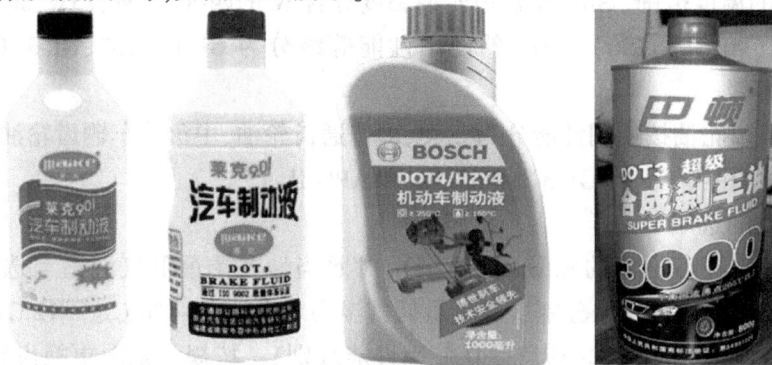

图6-19　各种汽车制动液

　　制动液分醇型、矿油型和合成型三种。其中以合成型应用最为普遍。制动液在使用一定的时间后,会出现沸点降低、污染及不同程度的氧化变质。所以应根据气候、环境条件、季节变化及工况及时检查其品质性能,及时更换。在普通驾驶环境下,制动液在使用两年或行驶 4 万 km(以先达者为限)后就应更换。

　　常用的制动液有 DOT3 和 DOT4,它们属非矿物油系,是由以聚二醇为基础和乙二醇及乙二醇衍生物为主的醇醚型合成制动液,再加润滑剂、稀释剂、防锈剂、橡胶抑制剂等调和而成,如图 6-20 所示。

　　国内标准的合成型制动液有 4603、4603 – 1 和 4604 等牌号。

　　制动液选用注意事项:各种制动液绝对不能混用,否则会因分层而失去制动作用;注意防潮,防止水分混入和吸收水分使沸点降低。使用醇型制动液前,应先检查是否有沉淀,如有沉淀,应过滤后再使用。

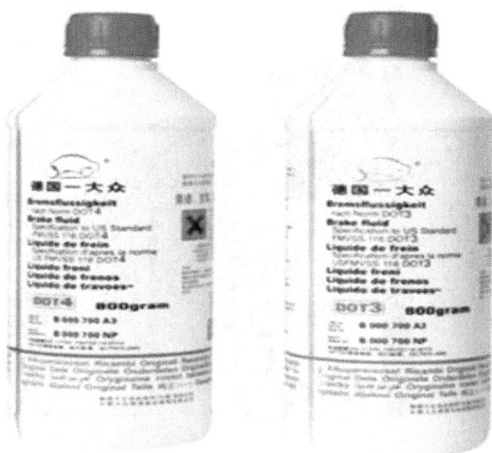

图 6-20　DOT3 和 DOT4 制动液

5　汽车防冻液

　　防冻液具有防冻、防锈、防沸腾和防水垢等性能。常用的防冻液为水与乙二醇、水与酒精、水与甘油按一定比例混合而成,如图 6-21 所示。

图 6-21　各种汽车防冻液

　　汽车防冻液选用注意事项:根据气温选配防冻液,冰点至少应低于最低气温 5℃。防冻液(乙二醇)有一定毒性,对人的皮肤和内脏有损害作用。合理使用防冻液,防冻液使用期限较长,长效防冻液可使用 2 年之久。及时添加防冻液,如图 6-22 所示。

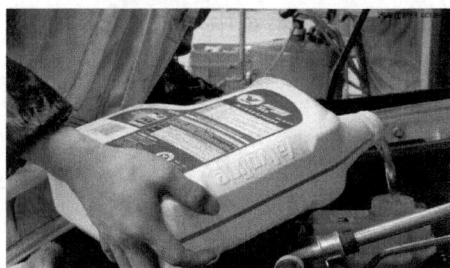

图 6-22　添加防冻液

6　自动变速器油

　　自动变速器油既是自动变速器的润滑油液,又是自动变速器的工作油液,其除具有齿轮润滑油的性能外,还应具有液压油的黏度、黏温特性和适合湿式离合器的摩擦特性。

常用自动变速器油主要有美国通用公司的"DEXRON Ⅱ – E"和福特公司的"MER-CON"两种规格,如图 6-23 所示。通常车辆在更换动变速器油液时应严格依照车辆使用说明书规定,且注意不同规格或品牌的自动变速器油不能混用。

图 6-23　常用自动变速器油

7 汽车风窗玻璃清洗液

风窗玻璃清洗液添加在玻璃喷洗器内,使用后能迅速驱除风窗玻璃上的顽固污垢、油渍、雨泽等,并形成一层保护膜,防止灰尘和油污的附着,使刮水片刮拭更平滑宁静,更洁净舒适,保持驾驶视野广阔明亮,如图 6-24 所示。

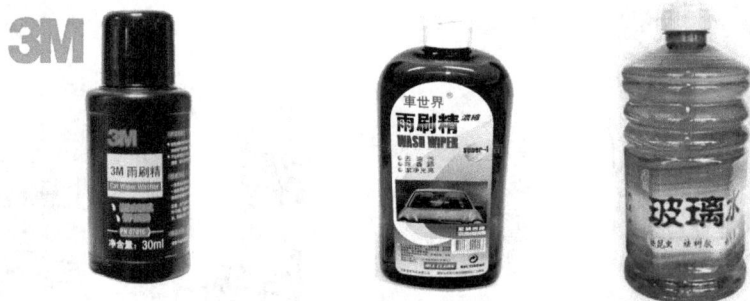

图 6-24　风窗玻璃清洗液

8 空调制冷剂与冷冻润滑油

空调制冷剂是保证汽车空调系统工作的重要材料,是在制冷系统中用于转换热量并且循环流动的物质,俗称冷媒。按照国家标准规定,现在生产的轿车全部使用 R134a 制冷剂,如图 6-25 所示。制冷剂的纯度必须达到 96% 以上。

冷冻润滑油也叫冷冻油,是制冷压缩机的专用润滑油,冷冻润滑油在空调制冷系统中完全溶于制冷剂中,并随制冷剂一起在制冷系统中循环,它可保证压缩机正常运转、可靠工作和延长使用寿命。冷冻润滑油具有润滑、密封、冷却和降低压缩机噪声等作用,如图 6-26 所示。

图 6-25 空调制冷剂

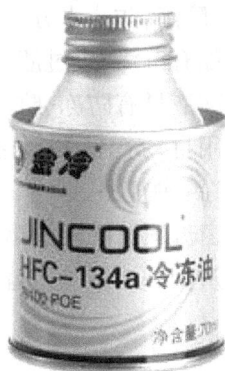

图 6-26 冷冻润滑油

单元小结

1. 机油滤清器为车辆的耗损件,安装在发动机润滑系统中,用于过滤和清洁发动机润滑油。

2. 空气滤清器能清除空气中的微粒杂质,避免吸入空气中含有的灰尘等杂质加剧发动机活塞组及汽缸的磨损,从而保护发动机。

3. 燃油滤清器安装于发动机燃油供给系统中,用以过滤燃油中的杂质,防止杂质进入油道,磨损或堵塞喷油器。

4. 驱动皮带为橡胶件,随着使用时间的增加会逐渐出现老化、龟裂等损伤,需要及时更换。建议每行驶 50000km 更换驱动皮带,并视情况更换皮带张紧轮。

5. 正时皮带长期使用会出现老化、裂纹、拉长、脱齿等损坏现象,需要更换新的正时皮带。一般行驶 4 万 ~6 万 km 更换一次。

6. 火花塞的更换周期与发动机的技术形式(是否带涡轮增压)、电极材料有关。建议客户每行驶 10000 ~15000km 检查火花塞一次。

7. 刮水片分有骨刮水片和无骨刮水片两种,主要用来在雨天时刮除风窗玻璃上的雨水以保证驾驶人的视线良好。

8. 车辆维护时要及时检查制动块和制动盘的厚度及其磨损情况,并按照需要及时更换。

9. 发动机润滑油主要功能有润滑、冷却、清洗、清洁、密封、防锈。

10. 合成润滑油是由基础油与不同的添加剂配制而成,合成润滑油使用的温度更广,使用期限更长。全合成润滑油随温度转变而产生的黏度变化很小,因此在高温及严寒情况下,更能维持适当的黏度,给发动机提供适当的保护。

11. 齿轮油用于润滑汽车机械变速器、驱动桥齿轮和传动机构。

12. 润滑脂主要用于汽车轮毂轴承及底盘各活络关节处的润滑。

13. 不同品牌和型号的制动液绝对不能混用,否则会因分层而失去制动作用。制动液存储应注意防潮,防止水分混入和吸收水分使沸点降低。使用醇型制动液前,应先检查是否有沉淀,如有沉淀,应过滤后再使用。

14. 防冻液具有防冻、防锈、防沸腾和防水垢等性能。

15. 常用自动变速器油主要有美国通用公司的"DEXRON Ⅱ－E"和福特公司的"MERCON"两种规格。

16. 风窗玻璃清洗液能迅速驱除风窗玻璃上的顽固污垢、油渍,雨泽等,并形成一层保护膜,防止灰尘和油污的附着,使刮水片刮拭更平滑宁静,更洁净舒适,保持驾驶视野广阔明亮。

思考与练习

1. 简述机油滤清器的作用及其更换原则。

2. 简述空气滤清器的作用及其更换原则。

3. 简述燃油滤清器的作用及其更换原则。

4. 简述驱动皮带的损坏形式、检查方法及其更换周期。

5. 简述正时皮带的作用及其更换周期。

6. 发动机润滑油有哪些作用?

7. 简述制动液选用注意事项。

单元七 新材料在汽车上的运用

新材料技术在汽车中的作用主要体现在：实现汽车的轻量化、改善汽车的安全性能和舒适性。目前，汽车中应用的新材料主要包括高强度钢、镁铝合金，以及工程塑料、陶瓷等非金属材料。为提高汽车的舒适性，生产商开始采用纳米复合材料、抗菌高分子材料等。汽车新材料在整车结构中几乎涉及每一个零部件和总成，如发动机、底盘、车身、传动制动系统等方面。

一 汽车新型材料

（一）汽车轻量化材料

汽车轻量化的途径有优化汽车框架结构及在车身制造上采用轻质材料。

① 高强度钢

高强度钢在抗碰撞性能、耐蚀性能和成本方面较其他材料仍具有较大的优势，部分汽车品牌高强钢的应用不断扩大，有些车型的车身框架高强度钢的应用已达90%。高强度钢主要用于车身结构件与覆盖件、悬架件、车轮等零部件，如图7-1所示。

2 铝合金

使用铝合金材料实现汽车轻量化是未来汽车发展的趋势。铝合金在汽车车身结构、空间框架、外覆盖件和车轮等处均有大量应用,例如奥迪 A8 全铝空间框架结构(ASF)。高强度的铝合金框架结构,在增加轿车钢板车身的强度和安全水平的同时,使汽车自身质量减轻了约 40%,如图 7-2 所示。

图 7-1　高强度钢车身结构件　　　　图 7-2　奥迪 A8 全铝空间框架结构(ASF)

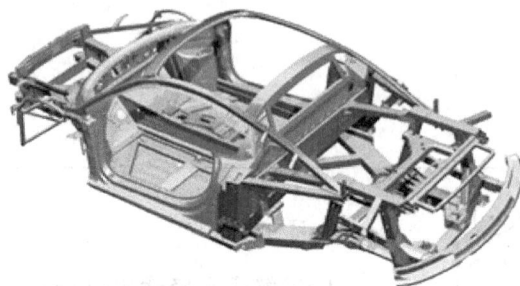

汽车上零件以铝合金为主材料的有缸体、缸盖、变速器壳体、汽缸盖罩、活塞、轮毂等,如图 7-3 所示。它们大约占去了汽车用铝合金的 80%。

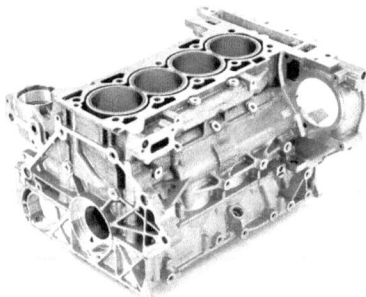

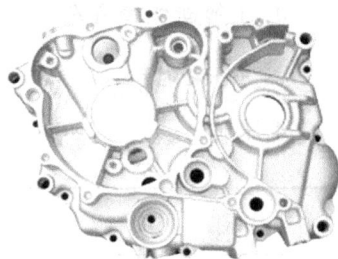

图 7-3　铝合金缸体和变速器壳体

3 镁合金

镁比铝更轻,其是轻量化效果更明显的材料,因此在航空工业和汽车工业中得到了广泛的应用。铸造镁合金的车门由成型铝材制成的门框和耐碰撞的镁合金骨架、内板组成。另一种镁合金制成的车门,由内外车门板和中间蜂窝状加强筋构成,每扇门的净质量比传统的钢制车门轻 10kg,且刚度极高。随着压铸技术的进步,已可以制造出形状复杂的薄壁镁合金车身零件,如前后挡板、仪表板、转向盘等,如图 7-4 所示。

4 蜂窝夹层材料

蜂窝夹层结构复合材料因其具有比强度高、抗冲击性能好、减振、透微波、可设计性强等优点,目前已经被广泛应用。

蜂窝结构复合板是两层薄面板中间夹一层轻质高强的蜂窝纸芯材料,而面板可以采用玻璃钢、塑料、铝板和钢板等材料。由于蜂窝结构复合板具有轻质、比强度和比刚度高、抗振、隔热、隔声和阻燃等特点,故在汽车的内饰材料上获得较多应用,如备用胎隔板、顶篷板、遮阳板、行李舱板等。

（二）摩擦材料

汽车用摩擦材料用于汽车传递动力、制动减速、停车制动,是汽车制动系统与行车系统的重要组成部分。主要包括汽车制动摩擦片、汽车离合器摩擦片及驻车制动摩擦片等。

❶ 粉末冶金摩擦材料

粉末冶金摩擦材料又称烧结摩擦材料,系将铁基、铜基粉状物料经混合、压型,并在高温下烧结而成。适用于较高温度下的制动与传动工况条件,如图7-5所示。

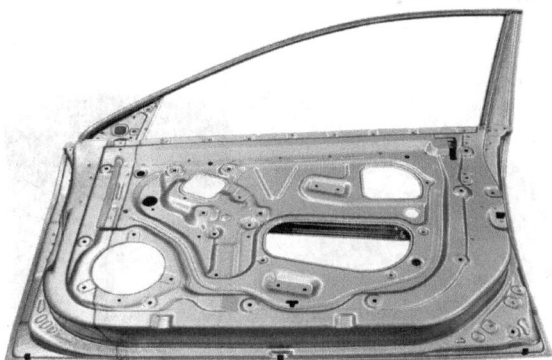

图7-4　镁合金车门内板

图7-5　粉末冶金摩擦材料的离合器摩擦片

❷ 碳纤维摩擦材料

碳纤维摩擦片的单位面积吸收功率高及密度小,特别适合生产飞机制动片,国外有些高档轿车的制动片也使用。因其价格昂贵,故其应用范围受到限制。

（三）陶瓷复合材料

陶瓷复合材料具有优异的耐高温性能,主要用于制作高温及耐磨制品。目前,发动机的主要零部件,如活塞、汽缸盖、气门、排气管、涡轮增压器、氧传感器及火花塞等都用先进的陶瓷材料来制造。据测算,若汽车发动机的所有零部件都采用陶瓷制造,其质量可比合金发动机轻2/3,燃料费下降20%,如图7-6所示。

图7-6　陶瓷发动机

1 陶瓷制动盘

陶瓷制动盘在制动最初阶段就立刻能产生最大的制动车力,因此甚至无需制动辅助增加系统,而整体制动比传统制动系统更快、距离更短,如图7-7所示。在制动活塞与制动衬块之间有陶瓷来隔热,陶瓷制动盘有非凡的耐用性,如果正常使用是终生免更换的,而普通的铸铁制动盘一般用上几年就要更换。

2 陶瓷纤维活塞

用氮化硅陶瓷材料制成的陶瓷纤维活塞,耐磨性好,可以有效地防止铝合金活塞由于热膨胀系数大而产生的"冷敲热拉"现象,如图7-8所示。

图7-7 陶瓷材料的制动盘

图7-8 陶瓷纤维活塞

3 陶瓷气门、气门座、摇臂零件

精细陶瓷可用于制作气门、气门座、摇臂等零件,以充分发挥其耐热性、耐磨性优良的特性。

4 陶瓷火花塞、进气管、排气管

精细陶瓷耐蚀性强,高温热稳定性好,用作火花塞基体。陶瓷作进气管、排气管,可以承受800~900℃的高温,取消隔热板,减少发动机体积,并使排气净化效果提高2倍。

5 陶瓷传感器

功能性精细陶瓷主要用于汽车调控系统的敏感元件制作中,如稀空燃比燃烧传感器及传动装置传感器、温度传感器、废气传感器、湿度传感器、压电性传感器(爆震性传感器、超声波传感器)、硅压力传感器(图7-9)等。

图7-9 陶瓷压力传感器

(四)工程塑料

随着汽车工业的发展,大大促进了汽车上塑料的应用,塑料的用量占整车质量的7%左右。常用的塑料有 ABS、PPS 、PA、PC、PPO、POM、PBT。

汽车内饰塑料制品有仪表板(图7-10)、座椅、顶篷、门内板、副仪表板、扶手、地毯、行李舱内衬、发动机罩内衬以及各种吸声、降噪用的毛毡垫等。

汽车外装塑料制品有保险杠(图7-11)、散热器格栅、车轮罩、翼子板衬里、发动机挡泥板、灯类反射镜及外壳。此外工程塑料还用于制造汽车气门室罩盖、冷却风扇、油箱、散热器水箱等结构件和功能件。

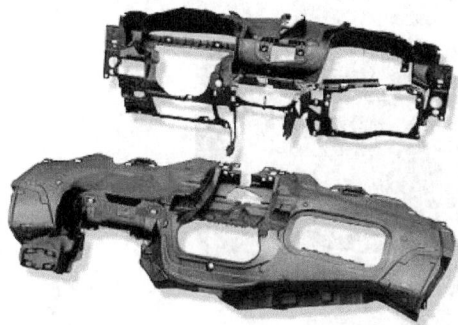

图7-10　汽车塑料仪表板

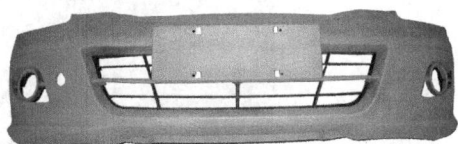

图7-11　汽车塑料保险杠

(五)纤维增强塑料(FRP)

纤维增强塑料由增强纤维(玻璃纤维、碳纤维和陶瓷短纤维等)、树脂及填充材料构成。

① 玻璃纤维增强塑料(GFRP)

以玻璃纤维为增强剂,以树脂为黏结剂(基体)而制成的,俗称玻璃钢。玻璃钢力学性能高、介电、耐热和抗老化性能好,强度和疲劳性能高,冲击韧度高,抗蠕变能力高。

在汽车发动机汽缸盖等部位采用玻璃纤维强化热塑性树脂,比用铸铁制造的同样部件的质量减轻45%;汽车底盘采用GFRP,其质量比钢铁材料减轻80%。悬架采用玻璃纤维弹簧比普通钢制弹簧整体减轻了40%以上的质量,如图7-12所示。

图7-12　奥迪R8装配的玻璃纤维弹簧

② 碳纤维增强塑料(CFRP)

碳纤维增强塑料(CFRP)具有十分优异的力学性能,振动衰减快、振动传递小,因此非常适合于制造汽车,是最理想的汽车轻量化材料,如7-13所示。

图7-13 采用碳纤维车身的高档轿车

碳纤维增强塑料制成的驱动轴,一根可代替两根钢铁轴,使质量减轻50%,并大幅度降低车内噪声,还可使车身前后方向振动大幅降低。CFRP制悬架板簧的质量仅为钢制板簧的1/4,但耐疲劳性和耐腐性优良。

二 新型维修辅料

图7-14 纳米发动机润滑油

维修辅助材料是指除汽车零部件和总成外,所需要的其他各种材料的总称。新型维修辅料是新技术和新材料生产的辅料。

❶ 纳米发动机润滑油

纳米发动机润滑油,纳米陶瓷粒子随润滑油作用于机件表面,变滑动摩擦为滚动摩擦,大大降低了摩擦系数,如图7-14所示。同时,纳米粒子在高温下和极压下被激活,牢固渗嵌到金属表面凹痕和微孔中,形成纳米保护膜,修复受损表面,降低磨损,从而延长发动机的使用寿命。

❷ 纳米冷却液

纳米粒子的尺寸小,容易在液体中悬浮,热传导性能好,比表面积大,能有更大的表面积去吸收、传递热量。在冷却液混加了一定量纳米颗粒的纳米冷却液,纳米冷却液比热容数值小,传热性能大,具有非常好的传热性能,并且温度越高传热性能越好,如图7-15所示。

❸ 发动机内部清洗剂

发动机内部清洗剂,是一种用于清洗发动机内部油泥、积炭、胶质等有害物质,保持发动机内部洁净,增强机油流动性,降低磨损,延长发动机使用寿命的汽车养护用品。由于发动机构造的精密性,发动机清洗均采用免拆解方式,因此发动机清洗剂又称之为免拆发动机清洗剂(图7-16)。常见品牌:3M、车仆、威力狮、固特威。

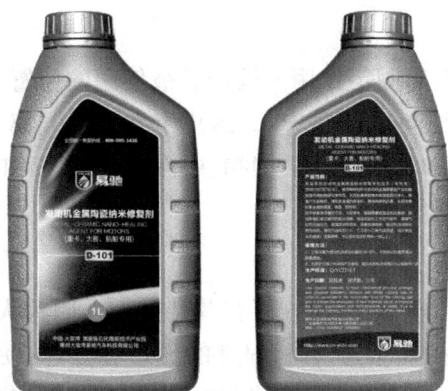

图 7-15　纳米冷却液

图 7-16　免拆发动机清洗剂

④ 发动机冷却系统清洗剂

发动机冷却系统清洗剂具有安全高效的清洗效果,可以分解清除管道内的水垢和沉积物,通畅散热器、发动机水管、水套,清除空调暖风系统管路中的水垢和沉积物,去除冷却系统的水垢、污渍、锈斑,提高散热效果,恢复冷却系统功能,延长散热器的使用寿命,如图 7-17 所示。常见品牌:3M、车仆。

⑤ 燃油系统清洗剂

燃油系统清洗剂可以清洁喷油嘴、进气门、汽缸壁及活塞顶端、进气管道的积炭、胶质和油泥,如图 7-18 所示。使用该类产品后能明显降低车辆尾气中的有害物质排放,有助于车辆尾气检测达标,恢复发动机动力,提升发动机功效与燃油经济性。常见品牌:好顺、3M、车仆。

⑥ 进气系统清洗剂

进气系统积炭的产生会对发动机造成如下现象:造成燃烧室壁、进气门、喷油嘴的不正常工作,后期车辆还会出现怠速不稳、抖动、爆震、发动机寿命降低。

进气系统清洗剂能够对汽车发动机进气系统进行清洗,清除进气歧管和节气门、燃烧室、喉管、进气管壁等处的胶质和积炭,如图 7-19 所示。进气系统清洗可以改善进气性能,恢复正常空燃比,降低尾气排放,使发动机怠速平稳,改进燃烧,降低油耗。常见品牌:3M、好顺。

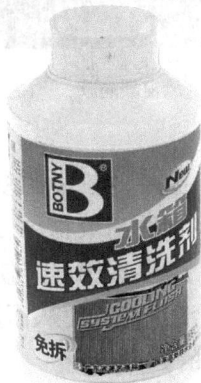

图 7-17　发动机冷却系统清洗剂　　　图 7-18　燃油系统清洗剂　　　图 7-19　进气系统清洗剂

7 钣金卡扣

塑料卡扣在汽车辅料中相当常见,一般起固定作用。按照其被使用的位置不同,一般分为:门板卡扣、膨胀卡扣、顶篷卡扣、封皮卡扣、灯扣、翼子板卡扣、密封条卡扣、护板卡扣、地板卡扣、锁扣、中网卡扣(图7-20)、机盖卡扣、隔热板卡扣、座椅卡扣。

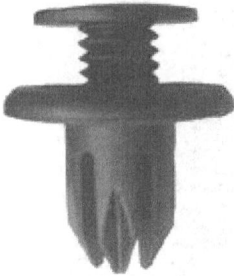

图 7-20　中网卡扣

8 汽车密封胶

密封胶在汽车维修中,密封方面有其特殊性。因为大部分的结合面经使用和拆卸后,都发生不同程度的变形和损坏,使得密封防漏增大了难度,"三漏"问题在汽车修理行业中显得特别突出。有的部位因为所处位置和压力较高等关系,漏油故障发生率一直很高,使用密封胶可以有效解决此类问题。例如厌氧密封胶有良好的防松作用,完全可以取代弹簧垫圈和平垫圈。在汽车维修中,所有的螺栓防松都可使用厌氧胶,如图7-21所示。

1)风窗玻璃胶

风窗玻璃胶用来黏结汽车上的风窗玻璃和后视窗,使其能同车身牢靠地黏成一体。玻璃胶的使用完全摒弃了传统玻璃安装的落后手段,玻璃胶还具有强度好、富于弹性、抗压抗振等性能,如图7-22所示。目前汽车的风窗玻璃普遍采用单组分湿固化聚氨酯黏结剂。

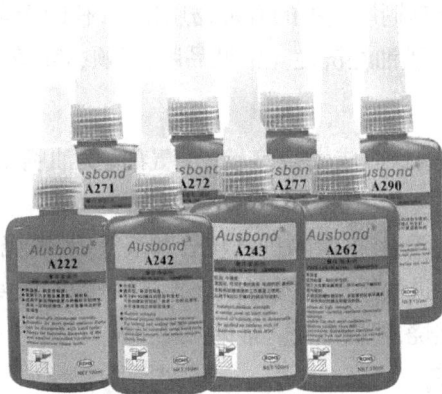

图 7-21　车用厌氧密封胶

图 7-22　风窗玻璃胶

2)加强胶

加强胶用来加强汽车的金属板和热固性塑料板材。加强胶是一种三层的复合材料:表面一层是布纹的玻璃纸,中间一层是有玻璃纤维骨架材料的黏性的高聚物体,最下层则是防黏纸。这种复合材料可根据需要制成各种几何尺寸和形状以供选用。其使用简便,只需揭去防黏纸,贴于需要部位即可。其胶质经过烤漆工序后会凝结变硬,从而产生很好的增强、补强作用。一般来说,补强后的强度为加强前材料强度的数百倍。

它还可在汽车构件的接合部位、车缝、车门、车内地板以及行李舱等处使用,以防止变形、弯曲的发生,如图7-23所示。另外,加强胶还具有缓冲颤动的作用,广泛用于车体内壁的装饰材料。这种加强黏结材料能同各种不同基质的物体牢固地结合,例如上过油的铁质部件等。

3)结构胶

结构胶主要用于汽车部件的黏结,结构胶多采用无溶剂双组分聚氨酯黏结剂,如图 7-24 所示。结构胶被广泛地用来取代熔焊接和机械零件结构以减小其质量,其黏结对象包括复合塑料以及金属材料。它不仅能黏结各种结构元件,而且有密封功能。

图 7-23 汽车加强胶

图 7-24 结构胶

结构型聚氨酯黏结剂代替螺栓、铆钉或焊接等形式用来接合金属、塑料、玻璃、木材等的结构部件,属于长时间能承受较大动负荷、静负荷并能长期使用的黏结剂。

4)聚氨酯泡沫

聚氨酯泡沫用于车身结构的降噪、减振,如图 7-25 所示。车身构件中的一些中空结构,往往会引起空气的共鸣,从而产生噪声。在这些中空结构中填充以紧密的泡沫,就会使上述问题得到解决。

聚氨酯泡沫有高密度和低密度之分。低密度的泡沫可用来注填汽车构件中的一些坑洞,而高密度的泡沫则用于车身重要结构件(如梁、柱)的补强。高密度泡沫缓速膨胀的特点能使注入的液体混合物有足够的时间流经并填满中空结构。它膨胀之后的体积为其初始体积的 10 倍左右,经过 30min,就会完全固化。

图 7-25 聚氨酯泡沫

三 新能源汽车

新能源汽车是指采用非常规的车用燃料作为动力来源(或使用常规的车用燃料、采用新型车载动力装置),综合车辆的动力控制和驱动方面的先进技术,形成的技术原理先进、具有新技术、新结构的汽车。

新能源汽车包括燃气汽车(液化天然气、压缩天然气)、燃料电池电动汽车(FCEV)、纯电动汽车(BEV)、液化石油气汽车、氢能源动力汽车、混合动力汽车(油气混合、油电混合)太阳能汽车和其他新能源(如高效储能器)汽车等。

图 7-26　PRIUS 油电混合动力汽车

1 混合动力汽车

通常所说的混合动力汽车,是指油电混合动力汽车(Hybrid Electric Vehicle, HEV),即采用传统的内燃机(柴油机或汽油机)和电动机作为动力源,如图 7-26 所示。

混合动力汽车的电动力系统中包括高效强化的电动机、发电机和蓄电池。使用的蓄电池有铅酸电池、镍锰氢电池和锂电池,将来还能使用氢燃料电池。

2 纯电动汽车

纯电动汽车是指以车载电源为动力,用电动机驱动车轮行驶,符合道路交通、安全法规各项要求的车辆。由于对环境影响相对传统汽车较小,其前景被广泛看好。

电动汽车的组成包括:电力驱动及控制系统、驱动力传动等机械系统、完成既定任务的工作装置等,如图 7-27 所示。电力驱动及控制系统是电动汽车的核心,也是区别于内燃机汽车的最大不同点。电力驱动及控制系统由驱动电动机、电源和电动机的调速控制装置等组成。电动汽车的其他装置基本与内燃机汽车相同。

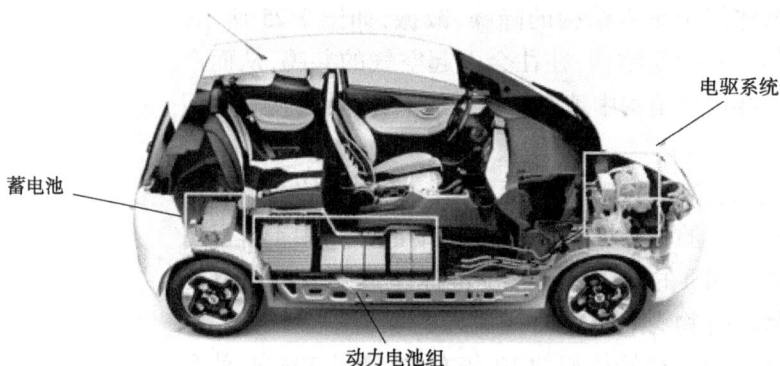

图 7-27　纯电动汽车

3 燃料电池汽车

燃料电池汽车的工作原理是,作为燃料的氢在汽车搭载的燃料电池中,与大气中的氧气发生氧化还原化学反应,产生出电能来带动电动机工作,由电动机带动汽车中的机械传动结构,进而带动汽车的前桥(或后桥)等行走机械结构工作,从而驱动电动汽车前进,如图 7-28 所示。核心部件是燃料电池。燃料电池的反应结果会产生极少的二氧化碳和氮氧化物,副产品主要产生水,因此被称为绿色新型环保汽车。

图 7-28 燃料电池汽车

④ 超级电容汽车

超级电容是一种电化学装置,是介于电池和普通电容之间的过渡部件。其充放电过程高度可逆,可进行高效率(0.85~0.98)的快速(秒级)充放电。其优点还有比功率高、循环寿命长、免维护等。

超级电容汽车充电时间短、功率密度大、容量大、使用寿命长、免维护、经济环保等,缺点是功率输出随着行驶里程加长而衰减,受环境温度影响大等。

⑤ 太阳能汽车

太阳能汽车是一种靠太阳能来驱动的汽车,其实质是太阳能电动车。太阳能汽车也是电动汽车的一种,所不同的是电动汽车的蓄电池靠工业电网充电,而太阳能汽车用的是太阳能电池。太阳能汽车使用太阳能电池把光能转化成电能,电能会在太阳能电池中存储备用,用来推动汽车的电动机,如图 7-29 所示。相比传统热机驱动的汽车,太阳能汽车是真正的零排放。

图 7-29 太阳能汽车

⑥ 气动汽车

以压缩空气、液态空气、液氮等为介质,通过吸热膨胀做功供给驱动能量的汽车称为气动汽车,气动发动机不发生燃烧或其他化学反应,排放的是无污染物辐射的空气或氮气,真正实现了零污染。目前开发比较成功的是压缩空气动力汽车(APV),工作原理类似于传统内燃机汽车,只不过驱动活塞连杆机构的能量来源于高压空气。APV 介质来源方便、清洁,社会基础设施建设费用不高,较容易建造。无燃料燃烧过程,对发动机材料要求低,结构简单,可借鉴现有内燃机技术因而研发周期短,设计和制造容易。但目前 APV 能量密度和能量转换率还不够高,续驶里程短。2000 年 MDI 公司推出的名为"进化"(evolution)的 APV,质量仅 700kg,其发动机质量仅为 35kg,速度可达 120km/h,一次充满压缩空气可行驶 200km,在城市中约可行驶 10h,在压缩空气站充气 2min 就可完成,用气泵充气 3h 可完成。

单元小结

1.汽车轻量化的途径有优化汽车框架结构及在车身制造上采用轻质材料。常用的轻量化材料有高强度钢、铝合金、镁合金、蜂窝夹层材料。

2.汽车用新型摩擦材料主要有粉末冶金摩擦材料、碳纤维摩擦材料等。

3.瓷基复合材料目前主要用于发动机的主要零部件,如活塞、汽缸盖、气门、排气管、涡轮增压器、氧传感器及火花塞等。

4.纤维增强塑料(FRP)是理想的汽车轻量化材料,FRP 主要有玻璃纤维增强塑料(GFRP)和碳纤维增强塑料(CFRP)。

5.新型维修辅料主要有纳米发动机润滑油、纳米冷却液、免拆发动机清洗剂、发动机冷却系统清洗剂、燃油系统清洗剂、进气系统清洗剂等。

6.汽车密封胶主要有厌氧胶、风窗玻璃胶、加强胶、结构胶、聚氨酯泡沫。

7.新能源汽车包括燃气汽车(液化天然气、压缩天然气)、燃料电池电动汽车(FCEV)、纯电动汽车(BEV)、液化石油气汽车、氢能源动力汽车、混合动力汽车(油气混合、油电混合)、太阳能汽车和其他新能源(如高效储能器)汽车等。

思考与练习

1.汽车轻量化的途径有哪些?常用的轻量化材料有哪些?

2.铝合金在汽车上有哪些应用?

3.简述碳纤维摩擦材料的特点?

4.简述碳纤维增强塑料(CFRP)在车辆上的应用。

5.新型维修辅料有哪些?

6.简述纳米发动机润滑油的作用。

7.简述纳米冷却液的作用。

8.简述免拆发动机清洗剂的作用。

9.简述发动机冷却系统清洗剂的作用。

10.简述燃油系统清洗剂的作用。

11.简述进气系统清洗剂的作用。

12.什么是新能源汽车?

参 考 文 献

[1] 王家青.汽车底盘构造与维修(新编版)[M].北京:人民交通出版社,2011.

[2] 赵俊山,孙永江.汽车构造[M].北京:人民交通出版社,2010.

[3] 丛树林,张彬.汽车底盘构造与维修(新编版)[M].北京:人民交通出版社,2011.

[4] 任晓农,张生强.汽车传动系维修[M].北京:人民交通出版社,2012.

[5] 柏令勇.汽车底盘构造与拆装[M].2版.北京:人民交通出版社,2013.

[6] 李守纪,李傲寒.汽车底盘维修[M].北京:人民交通出版社股份有限公司,2014.

参 考 文 献

[1]
[2]
[3]
[4]
[5]
[6]